# The Economic Consequences of the Peace

## • 1920 •

约翰·梅纳德·凯恩斯文集

JOHN MAYNARD KEYNES

# 《凡尔赛和约》的经济后果

[英] 约翰·梅纳德·凯恩斯 著　李井奎 译

复旦大学出版社

# 中文版总序

约翰·梅纳德·凯恩斯（John Maynard Keynes, 1883—1946）是 20 世纪上半叶英国最杰出的经济学家和现代经济学理论的创新者，也是世界公认的 20 世纪最有影响的经济学家。凯恩斯因开创了现代经济学的"凯恩斯革命"而称著于世，被后人称为"宏观经济学之父"。凯恩斯不但对现代经济学理论的发展作出了许多原创性的贡献，也对二战后世界各国政府的经济政策的制定产生了巨大而深远的影响。他逝世 50 多年后，在 1998 年的美国经济学会年会上，经过 150 名经济学家的投票，凯恩斯被评为 20 世纪最有影响力的经济学家（芝加哥学派的经济学家米尔顿·弗里德曼则排名第二）。

为了在中文语境里方便人们研究凯恩斯的思想，李井奎教授翻译了这套《约翰·梅纳德·凯恩斯文集》。作为这套《约翰·梅纳德·凯恩斯文集》中文版的总序，这里不评述凯恩斯的经济学思想和理论，而只是结合凯恩斯的生平简略地介绍一下他的著作写作过程，随后回顾一下中文版的凯恩斯的著作和思想传播及翻译过程，最后略谈一下翻译这套《约翰·梅纳德·凯恩斯文集》的意义。

一

1883 年 6 月 5 日，约翰·梅纳德·凯恩斯出生于英格兰的剑桥郡。凯恩斯的父亲约翰·内维尔·凯恩斯（John Neville Keynes, 1852—1949）是剑桥大学的一位经济学家，曾出版过《政治经济学的范围与方法》（1891）一书。

凯恩斯的母亲佛洛伦丝·艾达·凯恩斯（Florence Ada Keynes, 1861—1958）也是剑桥大学的毕业生，曾在 20 世纪 30 年代做过剑桥市的市长。1897 年 9 月，年幼的凯恩斯以优异的成绩进入伊顿公学（Eton College），主修数学。1902 年，凯恩斯从伊顿公学毕业后，获得数学及古典文学奖学金，进入剑桥大学国王学院（King's College）学习。1905 年毕业后，凯恩斯获剑桥文学硕士学位。毕业后，凯恩斯又留剑桥一年，师从马歇尔和庇古学习经济学，并准备英国的文官考试。

1906 年，凯恩斯以第二名的成绩通过了文官考试，入职英国政府的印度事务部。在其任职期间，凯恩斯撰写了他的第一部经济学著作《印度的通货与金融》（*Indian Currency and Finance*, 1913）。

1908 年凯恩斯辞去印度事务部的职务，回到剑桥大学任经济学讲师，至 1915 年。他在剑桥大学所讲授的部分课程的讲稿被保存了下来，收录于英文版的《凯恩斯全集》（*The Collected Writings of John Maynard Keynes*, London: Macmillan, 1971—1983）第 12 卷。

在剑桥任教期间，1909 年凯恩斯以一篇讨论概率论的论文入选剑桥大学国王学院院士，而以另一篇关于指数的论文获亚当·斯密奖。凯恩斯的这篇概率论的论文之后稍经补充，于 1921 年以《论概率》（*A Treatise on Probability*）为书名出版。这部著作至今仍被认为是这一领域中极具开拓性的著作。

第一次世界大战爆发不久，凯恩斯离开了剑桥，到英国财政部工作。1919 年初，凯恩斯作为英国财政部的首席代表出席巴黎和会。同年 6 月，由于对巴黎和会要签订的《凡尔赛和约》中有关德国战败赔偿及其疆界方面的苛刻条款强烈不满，凯恩斯辞去了英国谈判代表团中首席代表的职务，重回剑桥大学任教。随后，凯恩斯撰写并出版了《和平的经济后果》（*The Economic Consequences of the Peace*, 1919）一书。在这部著作中，凯恩斯严厉批评了《凡尔赛和约》，其中也包含一些经济学的论述，如对失业、通货膨胀和贸易失衡问题的讨论。这实际上为凯恩斯在之后研究就业、利息和货币问题埋下了伏笔。这部著作随后被翻译成多种文字，使凯恩斯本人顷刻之间成了世界名人。自此以后，"在两次世界大战之间英国出现的一些经济问题上，更确切地说，在整个西方世界面临的所有重大经济问题上，都能听到凯恩斯的声音，于是他成了一个国际性的人物"（Patinkin，2008，p.687）。这一时期，凯恩斯在剑桥大学任教的同时，撰写了大量经济学的文章。

1923 年，凯恩斯出版了《货币改革论》（*A Tract on Monetary Reform*，1923）。在这本书中，凯恩斯分析了货币价值的变化对经济社会的影响，提出在法定货币出现后，货币贬值实际上有一种政府征税的效应。凯恩斯还分析了通货膨胀和通货紧缩对投资者和社会各阶层的影响，讨论了货币购买力不稳定所造成的恶果以及政府财政紧缩所产生的社会福利影响。在这本著作中，凯恩斯还提出了他自己基于剑桥方程而修改的货币数量论，分析了一种货币的平价购买力，及其与汇率的关系，最后提出政府货币政策的目标应该是保持币值的稳定。凯恩斯还明确指出，虽然通货膨胀和通货紧缩都有不公平的效应，但在一定情况下通货紧缩比通货膨胀更坏。在这本书中，凯恩斯还明确表示反对在一战前的水平上恢复金本位制，而主张实行政府人为管理的货币，以保证稳定的国内物价水平。

1925 年，凯恩斯与俄国芭蕾舞演员莉迪亚·洛波科娃（Lydia Lopokova，1892—1981）结婚，婚后的两人美满幸福，但没有子嗣。

《货币改革论》出版不到一年，凯恩斯就开始撰写他的两卷本的著作《货币论》（*A Treatise on Money*，1930）。这部著作凯恩斯断断续续地写了5 年多，到 1930 年 12 月才由英国的麦克米兰出版社出版。与《货币改革论》主要是关心现行政策有所不同，《货币论》则是一本纯货币理论的著作。"从传统的学术观点来看，《货币论》确实是凯恩斯最雄心勃勃和最看重的一部著作。这部著作分为'货币的纯理论'和'货币的应用理论'上下两卷，旨在使他自己能获得与他在公共事务中已经获得的声誉相匹配的学术声誉。"

（Patinkin, 2008, p.689）该书出版后，凯恩斯在 1936 年 6 月"哈里斯基金会"所做的一场题为"论失业的经济分析"的讲演中，宣称"这本书就是我要向你们展示的秘密——一把科学地解释繁荣与衰退（以及其他我应该阐明的现象）的钥匙"（Keynes, 1971—1983, vol.13, p.354）。但是凯恩斯的希望落了空。这部书一出版，就受到了丹尼斯·罗伯逊（Dennis Robertson）、哈耶克（F. A. von Hayek）和冈纳·缪尔达尔（Gunnar Myrdal）等经济学家的尖锐批评。这些批评促使凯恩斯在《货币论》出版后不久就开始着手撰写另一本新书，这本书就是后来的著名的《就业、利息和货币通论》（Keynes, 1936）。

实际上，在这一时期，凯恩斯广泛参与了英国政府的经济政策的制定和各种公共活动，发表了多次讲演，在 1931 年凯恩斯出版了一部《劝说集》（*Essays in Persuasion*, 1931），其中荟集了著名的凯恩斯关于"丘吉尔先生政策的经济后果"（The Economic Consequence of Mr Churchill, 1923）、"自由放任的终结"（The End of Laissez-faire, 1926）等小册子、论文和讲演稿。1933 年，凯恩斯出版了《通往繁荣之路》（*The Means to Prosperity*, 1933），同年还出版了一本有关几个经济学家学术生平的《传记文集》（*Essays in Biography*, 1933）。

在极其繁忙的剑桥的教学和财务管理工作、《经济学杂志》的主编工作及广泛的社会公共事务等等活动间歇，凯恩斯在 1934 年底完成了《就业、利息和货币通论》（《通论》）的初稿。经过反复修改和广泛征求经济学家同行们的批评意见和建议后完稿，于 1936 年 1 月由英国麦克米兰出版社出版。在《通论》中，凯恩斯创造了许多经济学的新概念，如总供给、总需求、有效需求、流动性偏好、边际消费倾向、乘数、预期收益、资本边际效率、充分就业，等等，运用这些新的概念和总量分析方法，凯恩斯阐述了在现代市场经济中收入和就业波动之间的关系。他认为，按照古典经济学的市场法则，通过供给自行创造需求来实现市场自动调节的充分就业是不可能的。因为社会的就业量决定于有效需求的大小，后者由三个基本心理因素与货币量决定。这三个基本心理因素是：消费倾向，对资本资产未来收益的预期，对货币的流动偏好（用货币形式保持自己收入或财富的心理动机）。结果，消费增长往往赶不上收入的增长，储蓄在收入中所占的比重增大，这就引起消费需求不足。对资本资产未来收益的预期决定了资本边际效率，企业家对预期的信心不足往往会造成投资不足。流动偏好和货币数量决定利息率。利息率高，会对投资产生不利影响，也自然会造成投资不足。结果，社会就业量在未达到充分就业之前就停止增加了，从而出现大量失业。凯恩斯在就业、利息和货币的一般理论分析基础上所得出的政策结论就是，应该放弃市场的自由放任原则，增加货币供给，降低利率以刺激消费，增加投资，从而保证社会有足够的有效需求，实现充分就业。这样，与古典经济学家和马歇尔的新古典经济学的理论分析有所不同，凯恩斯实际上开创了经济学的总量分析。凯恩斯也因之被称为"宏观经济学之父"。实际上，凯恩斯自己也更加看重这本著作。在广为引用的凯恩斯于 1935 年 1 月 1 日写给萧伯纳（George Bernard Shaw）的信中，在谈到他基本上完成了《就业、利息和货币通论》这部著作时，凯恩斯说："我相信自己正在撰写一本颇具革命性的经济理论的书，我不敢说这本书立即——但在未来 10 年中，将会在很大程度上改变全世界思考经济问题的方式。当我的崭新理论被人们所充分接受并与政治、情感和激情相结合，它对行动和事务所产生的影响的最后结果如何，我是难以预计的。但是肯定将会产生一个巨变……"（转引自 Harrod，1950，p.545）诚如凯恩斯本人所预期到的，这本书出版后，确实引发了经济学中的一场革命，这在后来被学界广泛称为"凯恩斯革命"。正如保罗·萨缪尔森在他的著名的《经济学》（第 10 版）中所言："新古典经济学的弱点在于它缺乏一个成熟的宏观经济学来与它过分成熟的微观经济学相适应。终于随着大萧条的出现而有了新的突破，约翰·梅纳德·凯恩斯出版了《就业、利息和货币通论》（1936）。从此以后，经济学就不再是以前的经济学了。"（Samuelson，1976，p.845）

在《通论》出版之后，凯恩斯立即成为在全世界有巨大影响的经济学家，他本人也实际上成了一位英国的杰出政治家（statesman）。1940 年，凯恩斯重新回到了英国财政部，担任财政部的顾问，参与二战时期英国政府一些财政、金融和货币问题的决策。自《通论》出版后到第二次世界大战期间，凯恩斯曾做过许多讲演，这一时期的讲演和论文，汇集成了一本名为《如何筹措战费》（*How to Pay for the War*，1940）的小册子。1940 年 2 月，在凯恩斯的倡议下，英国政府开始编制国民收入统计，使国家经济政策的制定有了必要的工具。因为凯恩斯在经济学理论和英国政府经济政策制定方面的巨大贡献，加上长期担任《经济学杂志》主编和英国皇家经济学会会长，1929 年他被选为英国科学院院士，并于 1942 年被英国国王乔治六世（George VI）晋封为勋爵。

自从 1940 年回到英国财政部，凯恩斯还多次作为英国政府的特使和专家代表去美国进行谈判并参加各种会议。1944 年 7 月，凯恩斯率英国政府代表团出席布雷顿森林会议，并成为国际货币基金组织和国际复兴与开发银行（后来的世界银行）的英国理事，在 1946 年 3 月召开的这两个组织的第一次会议上，凯恩斯当选为世界银行第一任总裁。

这一时期，凯恩斯除了继续担任《经济学杂志》的主编外，还大量参与英国政府的宏观经济政策的制定和社会公共活动。极其紧张的生活和工作节奏，以及代表英国在国际上的艰苦的谈判，开始损害凯恩斯的健康。从 1943 年秋天开始，凯恩斯的身体健康开始走下坡路。到 1945 年从美国谈判回来后，凯恩斯已经疲惫不堪，处于半死不活的状态（Skidelsky，2003，part 7）。1946 年 4 月 21 日，凯恩斯因心脏病突发在萨塞克斯（Sussex）家中逝世。凯恩斯逝世后，英国《泰晤士报》为凯恩斯所撰写的讣告中说："要想找到一位在影响上能与之相比的经济学家，我们必须上溯到亚当·斯密。"连长期与凯恩斯进行理论论战的学术对手哈耶克在悼念凯恩斯的文章中也写道："他是我认识的一位真正的伟人，我对他的敬仰是无止境的。这个世界没有他将变得更糟糕。"（Skidelsky，2003，p.833）半个多世纪后，凯恩斯传记的权威作者罗伯特·斯基德尔斯基在其 1 000 多页的《凯恩斯传》的最后说："思想不会很快随风飘去，只要这个世界需要，凯恩斯的思想就会一直存在下去。"（同上，p.853）

## 二

1929—1933 年，西方世界陷入了有史以来最为严重的经济危机。面对这场突如其来的大萧条，主要西方国家纷纷放弃了原有自由市场经济的传统政策，政府开始以各种形式干预经济运行，乃至对经济实施管制。当时，世界上出现了德国和意大利的法西斯主义统制经济及美国罗斯福新政等多种国家干预经济的形式。第二次世界大战期间，许多西方国家按照凯恩斯经济理论制定和实施了一系列国家干预的政策和措施。凯恩斯的经济理论随即在世界范围内得到广泛传播。这一时期的中国，正处在南京国民政府的统治之下。民国时期的中国经济也同样受到了世界经济大萧条的冲击。在这样的背景之下，中国的经济学家开始介绍凯恩斯的经济理论，凯恩斯的一些著作开始被翻译和介绍到中国。从目前来看，最早将凯恩斯的著作翻译成中文的是杭立武，他翻译的《自由放任的终结》（书名被翻译为《放任主义告终论》，凯恩斯也被译作"坎恩斯"），1930 年由北京一家出版社出版。凯恩斯 1940 年出版的小册子《如何筹措战费》，也很快被翻译成中文，由殷锡琪和曾鲁两位译者翻译，由中国农民银行经济研究处 1941 年出版印行。在民国时期，尽管国内有许多经济学家如杨端六、卢逢清、王烈望、刘觉民、陈国庆、李权时、陈岱孙、马寅初、巫宝三、杭立武、姚庆三、徐毓枬、滕茂桐、唐庆永、樊弘、罗蘋苏、胡代光、刘涤源和雍文远等人，都用中文介绍了凯恩斯的经济学理论，包括他的货币理论和财政理论，但由于凯恩斯的货币经济学著作极其艰涩难懂，他的主要经济学著作在民国时期并没有被翻译成中文。这一时期，凯恩斯的经济学理论也受到一些中国经济学家的批评和商榷，如哈耶克的弟子、时任北京大学经济学教授的蒋硕杰，等等。

在中文语境下，最早完成凯恩斯《通论》翻译的是徐毓枬。徐毓枬曾在剑桥大学攻读经济学博士，还听过凯恩斯的课。从剑桥回国后，徐毓枬在中国的高校中讲授过凯恩斯的经济学理论。实际上，早在 1948 年徐毓枬就完成了《通论》的翻译，但经过各种波折，直到 1957 年才由三联书店出版。后来，徐毓枬翻译的凯恩斯的《通论》中译本也被收入商务印书馆的"汉译世界学术名著丛书"（见宋丽智、邹进文，2015，第 133 页）。1999 年，高鸿业教授重译了凯恩斯的《通论》，目前是在国内被引用最多和最权威的译本。2007 年南海出版公司曾出版了李欣全翻译的《通论》，但在国内并不是很流行。1962 年，商务印书馆出版过由蔡受百翻译的凯恩斯的《劝说集》。凯恩斯的《货币论》到 1997 年才被完整地翻译为中文，上卷的译者是何瑞英（1986 年出版），下卷则由蔡谦、范定九和王祖廉三位译者翻译，刘涤源先生则为之写了一篇中译本序言，后来，这套中译本也被收入商务印书馆的"汉译世界学术名著丛书"。2008 年，陕西师范大学出版社出版了凯恩斯《货币论》另一个汉译本，上卷由周辉翻译，下卷由刘志军翻译。凯恩斯的《和约的经济后果》由张军和贾晓屹两位译者翻译成中文，由华夏出版社2008 年出版。凯恩斯的《印度的货币与金融》则由安佳翻译成中文，由商务印书馆 2013 年出版。凯恩斯的《货币改革论》这本小册子，多年一直没见到甚好的中译本，直到 2000 年，才由改革出版社出版了一套由李春荣和崔铁醴编辑翻译的《凯恩斯文集》上中下卷，上卷中包含凯恩斯的《货币改革论》的短篇，由王利娜、陈丽青和李晶翻译。到 2013 年，中国社会科学出版社重新出版了这套《凯恩斯文集》，分为上、中、下三卷，由李春荣和崔人元主持编译。

## 三

尽管凯恩斯是 20 世纪最有影响力的经济学家，但是，由于其经济学理论尤其难懂且前后理论观点多变，英语语言又极其优美和灵活，加上各种各样的社会原因，到目前为止，英文版的30卷《凯恩斯全集》还没有被翻译成中文。鉴于这种状况，李井奎教授从2010年之后就致力于系统地翻译凯恩斯的主要著作，先后翻译出版了《劝说集》(2016)、《通往繁荣之路》(2016)、《〈凡尔赛和约〉的经济后果》(2017)、《货币改革略论》(2017)。这些译本将陆续重新收集在本套丛书中，加上李井奎教授重译的凯恩斯的《货币论》《印度的通货与金融》《就业、利息和货币通论》，以及新译的《论概率》《传记文集》等，合起来就构成这套完整的《约翰·梅纳德·凯恩斯文集》。这样，实际上凯恩斯出版过的主要著作绝大部分都将被翻译成中文。

自1978年改革开放以来，中国开启了从中央计划经济向市场经济的制度转型。到目前为止，中国已经基本形成了一个现代市场经济体制。在中国市场化改革的过程中，1993年中国的国民经济核算体系已经从苏联、东欧计划经济国家采用的物质产品平衡表体系（简称MPS）的"社会总产值"，转变为西方成熟市场经济体制国家采用的国民经济统计体系（简称SNA核算）从而国内生产总值（GDP）已成了中国国民经济核算的核心指标，也就与世界各国的国民经济核算体系接轨了。随之，中国政府的宏观经济管理包括总需求、总供给、CPI，货币、金融、财政和汇率政策，也基本上完全与现代市场经济国家接轨了。这样一来，实际上指导中国整个国家的经济运行的经济理论也不再是古典经济学理论和斯大林的计划经济理论了。

现代的经济学理论，尤其是宏观经济学理论，在很大程度上可以说是由凯恩斯所开创的经济学理论。但是，由于一些经济学流派实际上并不认同凯恩斯的经济学理论，在国际和国内仍然常常出现一些对凯恩斯经济学的商榷和批判，尤其是凯恩斯经济学所主张的政府对市场经济过程的干预（实际上世界各国政府都在这样做），为一些学派的经济学家所诟病。更为甚者，一些经济学人实际上并没有认真读过凯恩斯的经济学原著，就对凯恩斯本人及其经济学理论（与各种各样的凯恩斯主义经济学有区别，英文为"Keynesian economics"）进行各种各样的批判，实际上在许多方面误读了凯恩斯原本的经济学理论和主张。在此情况下，系统地把凯恩斯的主要著作由英文翻译成中文，以给中文读者一个较为容易理解和可信的文本，对全面、系统和较精确地理解凯恩斯本人的经济学理论，乃至对未来中国的理论经济学的发展和经济改革的推进，都有着深远的理论与现实意义。

是为这套《约翰·梅纳德·凯恩斯文集》的总序。

韦 森

2020 年 7 月 5 日谨识于复旦大学

## 参考文献

Harrod, Roy, 1951, *The Life of John Maynard Keynes*, London：Macmillan.

Keynes, John Maynard, 1971-1983, *The Collective Writings of John Maynard Keynes*, 30 vols., eds. by Elizabeth S. Johnson, Donald E., Moggridge for the Royal Economic Society, London：Macmillan.

Patinkin, Don, 2008, "Keynes, John Maynard", in Steven N. Durlauf & Lawrence E. Blume eds., *The New Palgrave Dictionary of Economics*, 2nd ed., London：Macmillan, vol.4, pp.687-717.

Samuelson, Paul A., 1976, *Economics*, 10th ed., New York：McGraw-Hill.

Skidelsky, Robert, 2003, *John Maynard Keynes 1883-1946*：*Economist, Philosopher, Statesman*, London：Penguin Book.

宋丽智、邹进文：《凯恩斯经济思想在近代中国的传播与影响》，《近代史研究》，2015 年第 1 期，第 126—138 页。

# 绪 言[1]

本书作者在战争期间曾短时供职于英国财政部，直到 1919 年 6 月 7 日，他一直是财政部在巴黎和会上的官方代表，同时也是最高经济委员会 (Supreme Economic Council) 中英国财相的代表。在对和约草案进行实质性修改的希望已然破灭，一切皆成定局之时，他辞去了财政部的这些职位。在本书接下来的章节中，作者将向我们阐述他反对和约——或者更确切地说，反对和会关于欧洲经济问题的整个政策——的那些理由。这些理由和公众的生活息息相关，而且是以那些举世皆知的事实作为根据的。

J. M.凯恩斯

剑桥大学国王学院

1919 年 11 月　xv

---

1　凯恩斯还曾写过一个更长一些的绪言，它在现在这个绪言后还有这样一段："因此，他相信，并且殷切地希望，在这些文字的字里行间当中，对于他在财政部的以前的上司所给予他的信任，他未尝有所辜负，对于他们，作者心中依然满怀着感激与尊敬之情。第三章主要关注的是威尔逊总统的个人品格，该章写毕之后，形势已然发生了很大的变化。总统先生既经历了一番身心之苦，也领受了变化莫测的命运所带来的结果，所有这些，都不仅会使那些致力于推行总统所秉理念的人士扼腕叹息，也会让其他的人们倍感同情。因此，在记述威尔逊总统的失败原因时，今天，让我们重新缅怀他在国际事务中为追求公正所做的无私努力，更加有其必要。即便他接受了一个不公平的条约，那也是为了争取国联的成立不得已而为之；即便他在国际联盟的理念诉求上未能得偿所愿，那也是因为性格与理解方面的缺点所致，其间丝毫没有任何卑劣和自私的原因在。"不过，在最后通行于各国的标准版中，这段内容被删去了。——译者注

# 法文版绪言

本书主要是写给英国（以及美国）的读者看的。书中所强调的那些要点，都是根据作者的判断，对于英美读者而言值得加以特别指出的。因此，在为本书的法文版做准备的过程中，以更为坦率无隐的风格加以表露，就《凡尔赛和约》所引发的局势之一或两个方面，聊表数言，也许是很值得一做的事情；而本书所述的《凡尔赛和约》的这些方面，对于法国而言，尤其具有重要意义。

除了其他一些问题之外，本书各章意在向大家表明，我们在巴黎和会上的代表们所犯下的两个巨大的错误是不符合我们的利益的。他们是在要求实现一种根本无可实现的事情，对真正的利益反而视而不见，结果只能是丧失一切，到头来一无所得。由于他们过度关注政治上的目标，关心取得一种不切实际的所谓安全，所以，他们把欧洲在经济上的统一性给忽略了；之所以说这种安全不切实际，乃是因为，在边界扩张的领土占领之上构建所谓的安全最不可能实现，而且，今日在政治上的运筹帷幄，与十年之后所要呈现的问题基本上毫不相关，苦心孤诣的计谋，到头来只是一场春梦而已。

这些错误将会对法国的国运产生什么样的影响，我在本书之中，曾不止一次地就此加以阐述，再三强调，以俾众周知。

鉴于法国在大战中取得了胜利，其欢欣鼓舞自不必说，法国的政治和道德地位也不再是需要讨论的问题。但是，她的财政和经济前景却极度糟糕。因此，在和会上，精明而审慎的政治家需要寻求保护的本应该是后者（经济前景）而非前者（财政前景）。最重要的是，就德国可以证实的可行赔款额度之内，法国的利益确实需要其能够取得合理的优先权，就德国所承受的对其他协约国的债务上，法国的利益也要求能够对这些债务加以调整，而且，法国已经向其敌国展现了一定程度的宽宏气度。处在这样的情势之下，法国也应该期待这一切能够有所回报，期待能够与其他那些在战争中损失相对较小的国家一起，适度地分享作为一个整体的欧洲的重建贷款，这种分享的程度，应与其需要适成比例。如此，或可对进一步缓解普遍的紧张局势有所助益。所有这些，我都在本书中作了阐述，并给出了建议。我认为，在法国和比利时对德国赔款的更为迫切的要求得到满足之前，英国不应该提出任何赔款上的要求；对于协约国所欠英美两国的债务，两国根本无权以商业投资的方式待之，这笔债务也应予一笔勾销；我们应该以较为广泛的贷款形式，来重新注入欧洲一部分运营资本。所有这些，我都认为是正确无误的，而且是极为有利的应急之法。有人认为我是在错误地布施自己的同情之心，我是不当承受这样的指责的，因为我也同样给出了这样的建议，即我们应当对我们那已然卑弱的敌人恪守诺言，来寻求**作为一个整体**的欧洲之复兴与健康发展。

然而，法国的根本利益，全被那群簇拥在克里蒙梭先生周围的人士给背弃了。他们厚颜无耻地夸大那些已成瓦砾的地区的重要性，使得法国对这些地区在道德上的权利大受贬抑。他们钟情于这样一种协议：它可以把德国人所应支付的账单在总额上大大地膨胀起来，以至于到了德国人民压根儿就支付不起的地步（对于这一点，不管他们在公开场合如

xix

何大放厥词，其实他们自己也是心知肚明的）。为了实现这项包含养老金和离居津贴在内——而这与我们的约定是相违背的——的协议，他们不惜放弃法国在赔款要求上的优先权，给德国压上一副不堪重负的担子，而且，在不增加德国将要赔付的总额情况下，他们这般作为，除了降低德国所支付的每一期赔款中法国所占的份额之外，再也没有其他结果可言。由于那一派愚蠢的贪婪之相，法国又失掉了外界对她的同情之念，使得法国既未能以她的那些赔款要求作为担保而取得一笔贷款，也未能就协约国内部的债务加以解决。法国在巴黎和会上的这些代表们，牺牲了自己国家的一切切实的利益，为的只是换取一些虚无的承诺，正可谓"慕虚名而处实祸"，此智者不为也。而这些承诺，若非发生什么难以预测的意外之事，是压根儿不可能实现的。此等情况，协议双方都是知晓的，这些承诺根本不值得写入和约的文件之中。

因此，我所主张的政策，对于法国实际上的物质利益之争取，要远胜于《凡尔赛和约》中空无一物的虚幻之念。而且我之寻求各国人士的认同，根本上乃是出于整个欧洲的休戚与共，是为了我们所有人的真正安全来加以考虑的。如果法国自己的财政已然处在崩溃的边缘，如果她自甘在精神上与其友邻相孤立，如果流血冲突、悲惨境遇和偏执狂热遍布莱茵河以东的两个大陆，就凭法国在莱茵河岸边的几个守卫岗哨，就真的可以安享太平吗？

我们不能据此认为，我把签订这具有灾难性条约的责任，迁怒于法国。事实上，签下这一条约的各方，都是要承担一部分责任的。公平地说，或许值得指出的是，英国在保护其不应当获得的自私的利益方面，表现得丝毫不后于人。正是英国，须就赔款条款之达成，承担主要的责任。在这个条约中，英国保护了自己的殖民地、商业往来船只的利益，而且还取得了就公平的立场而言不该得到的一笔那么大份额的赔款。

但是，我敢说，有一个方面，现在只有法国需要为之负责，而且也正是由于这个原因，她将自己自外于与会各国，把自己孤立了起来。法国的政治家迄今也未尝将真相昭告其国人，甚或可能对于他们自己，也未必说出了实情，在当今世界，法国绝对是唯一如此行事的国家。我的这本著作在英国已经出版三个月了，尽管对它的反对之声铺天盖地，但是，一直到现在，也没有谁对本书中关于德国赔款能力的论证尝试过认真地驳斥。自从我写成这本书，事态的进展更使我确信，我在书中所给出的估计数字，非但不是过低，反而可能还是给得过高了。不管怎么样，我敢断言，有关这一具体问题，我所给出的这些一般性结论，在法国之外的任何有其资格的地区，到现在也未曾得到过认真的辩论。他们只是附和当时的主流观点而已。由此我们可以知道，在法国之外，尚且没有哪一个重要的权威人士认为，完整地实施这一条约，不但可能，而且可欲；今天的舆论分为两派，一派愿意正式地对条约加以修正，一派（在不具备修正条约的适当机制条件下）将他们的希望寄托在通过实施过程中采取具体的行动来逐渐修订条约。而只有在法国，我们能听得到

这样一句虚弱而空泛的话："《凡尔赛和约》已经得到全面实施。"条约无法得到实施而且也不可能得到实施，这样的情况越是浅白明了，法国政治家们蒙住自己的眼睛，捂住自己的耳朵，以为通过拒绝这一切就可以改变事实之结果，这般掩耳盗铃的心态就越是昭然若揭，尽人皆知。

因此，在法国的政治家之外，我要向法国的知识分子发出呼吁，向愿意寻求真相从而得到这些结果的法国精神中的这一部分发出呼吁；同时，我也要向富含赤子之心和明智之见的理想主义发出呼吁。与在英国一样，在法国，这个民族的那些杰出的头脑依然袖手旁观，既未曾阅读

过条约的片言只字，对之也谈不上有任何的理解。现在，要让这些人凝聚起力量来，以避免这种如果我们再不加以重视，就要降临到我们头上的厄运。

J. M.凯恩斯

1920 年 3 月于巴黎　xxii

# 罗马尼亚文版绪言[1]

　　本书主要关涉的是三个主题。我们是否对战败国信守了诺言这个问题，对于各国将来很长一段时间在精神上的联系而言，尽管影响深远，但可能所牵涉的过去要比将来更多一些。战争赔款及其数额和筹集方式方面的问题，我在书中讨论得比较详细，不过，这个问题虽然对于西欧各国来说具有更大的直接利益，而对于罗马尼亚则相对没有那么多的直接利益相关切。但是，我所涉及的第三个主题，也是贯穿全书的一个内在问题，那就是关于整个欧洲的团结以及社会与经济和平之需的问题，这个问题对于罗马尼亚的人们，必然要比对欧洲其他在境况上更为稳

---

　　1　凯恩斯曾经还在这一绪言前写过这样一段话："巴黎和会上所订立的这些条约，不仅在政治上，而且在经济上也正趋于瓦解，这是因为它们根本就没有什么坚实的基础。在政治上，条约假定在战争中获得胜利的国家集团，能够无限期地作为一个紧密的、具有压倒性势力的团体而存续，能够确保它们联合起来的权威施及欧洲的任何一个角落——这一假定是与事物的本性相违背的。在经济上，它们听任欲望与贪婪肆意横行，对于欧洲经济结构的真实情况，乃至它们自身的切身利益，置若罔闻。由无知所酿制出来的有关条约在经济上的失策，造成了诸般困难之状。本书就这些困难的解决方案，给出了一些建议。在这些建议中，牵涉罗马尼亚的直接利益并不甚巨。但是，对于那种使人人陷于贫困的处境给出基本的解决办法，由此给罗马尼亚带来的间接利益，则将是巨大的。因此，当我得知罗马尼亚的朋友认为将此书引介给罗马尼亚的民众颇为值得时，我对此感到十分欣慰。"但这一段话没有出现在最终的罗马尼亚文版中。——译者注

定、前景上也更有保障的国家的人们，具有更加巨大的利益。

在其新的疆域之内，罗马尼亚堪称是一个伟大的国度，人口众多，物产丰富。对于人类能够借以筑造其幸福乐园所需要的一切要素，于罗马尼亚，大自然无不慷慨与之。但是，正如在历史上的其他时代一样，除非她的邻国实现了和平和繁荣，否则所有这些都将无所用处。而罗马尼亚要与这些邻国和平相处、睦邻友好，是有着很多机会的。但是，却有那么一群人，意欲诱使她误入歧途，轻率地选择一条毫无价值的道路。膨胀的帝国主义思想以及军国主义者所占据的主宰地位，使她远离了追慕文明和幸福的方向。穷奢极侈的政府使其深陷泥沼，这种穷奢极欲的程度，已然超出了可以即时获取的资源的承载量。那些头脑粗率、举止轻浮的人士可能一度这样认为：我们有着足够的安全余地，来允许我们在这般徒然无谓的游戏之中恣意放纵。但是，现在的情况已经大不一样。整个欧洲，尤其是中东欧，已经站在巨大的危险和极端的灾难边缘。我们每一个人，应该在内心清楚地意识到，我们打算把自己的影响xxiii力施与何方。如果各地公共舆论的领袖们不能以一种明智而挚诚的方式来对待这一切，那么，前景实在堪忧。

如果本书中的任何段落无论以何种方式让罗马尼亚的读者们感到，作者在对待他们的国家方面有失公允，切请你们能够对我加以谅宥。如果真的出现了这种情况，那一定是因为无知而非任何其他原因，才使我犯下了这样的错误。

J. M.凯恩斯

剑桥大学国王学院

1920 年 11 月 12 日

# 目录

# 第一章　绪　论

随遇而安、顺应环境的能力，可谓是人类的一大显著特征。我们当中几乎没有谁真正明确地认识到，在过去半个世纪，西欧赖以生存的经济体制所具有的那种极不寻常、变动不居、复杂而又难以依靠的临时特性。我们常把自己最近所获得的一些极为特殊、转瞬即逝的有利条件视为当然，自以为它们会是长久而可靠的，并以此来谋划将来。在这种脆弱性和临时性兼具的基础之上，我们设计社会改良之道，整饬政治纲领，延续着我们的仇恨和某些特别的野心，自以为是地以为我们有足够的资本来对欧洲大家庭内部的冲突推波助澜，而非息事宁人。德国人民受荒唐透顶的妄念和不顾后果的利己之心驱使，倾覆了我们所建立的赖以生活的基础。而英法两国人民的代言者们又以《凡尔赛和约》冒彻底倾覆之危，步德国人的后尘。这份和约一旦实施，则本当予以修复之际，却必将使得这个已经受到战争摧残的脆弱、复杂的体制进一步恶化，至于无可收拾之境地。而正是通过这一体制，欧洲各族人民才实现了丰赡自足和安居乐业。

在英国，生活的表象丝毫没有让我们感受或认识到一个时代已经过去。我们忙着将过去所丢失掉的生活重新弥补起来，唯一不同的是，比起以前，我们很多人看上去要富裕得多。在战前我们花费几百万的地方，如今花费数亿也毫不为意。很显然，我们尚未最大限度地利用经济生活的全部潜力。有鉴于此，我们不仅希望重新安享 1914 年时的那种舒适的生活状态，甚至还希望能够生活得更加舒适，更加富足。所有阶层的人们都这样来擘画着将来的生活，有钱人花费更巨，储蓄更少，而穷人们则是花得更多，干得更少。

不过，可能也就是英国（和美国），对于此种情况才这般无知无识。在欧洲大陆，早已是地覆天翻，怨声载道，此种情形已是人尽皆知。这已经不再仅仅是奢侈靡费之风或"劳工纠纷"那么简单的事情，而是关乎生死，挣扎于饥饿和生存边缘，是事关一个没落的文明变得令人可怖的混乱这样的重大问题了。

如果一个人在停战后的六个月里大部分时间在巴黎度过，那么他若偶然造访伦敦，会有恍如隔世之感。英国依然置身欧洲之外。欧洲那无声的震颤，对它毫无触动。似乎欧洲远在天边，英国不是欧洲这血肉之躯的一部分。但是，欧洲毕竟与它是一体的。法兰西、德意志、意大利、奥地利、荷兰、俄国、罗马尼亚和波兰，同气连枝，它们的结构和文明根本就是一体的。它们荣枯与共，曾共历繁荣，在战争中，这些国家的元气也都受到了不同程度的伤害，可能会一起衰败下去。尽管我们国家对这场战争也做出了巨大贡献和牺牲（美国与我们相类，尽管我们比他们还要少一些），但是在经济上我们却有置身事外之感。《巴黎和约》所具有的破坏性意义正在于此。如果欧洲内战以法国和意大利滥用其战胜国的一时之权力，摧毁目前已经一蹶不振的德国和奥匈帝国而告终的话，那么它们自己也会引火烧身。这是因为，它们与战败国在潜在的精神和经济方面均有着极深的渊源和千丝万缕的联系。至少，一个参加了巴黎和会，并在数月会期当中作为协约国最高经济委员会一员的英国人，就他个人的忧思和展望而言，他必然会转而站在一个欧洲人的立场上来看待这些问题。而这对他这个英国人来说可谓是一场从未有过的体验。在欧洲的神经中枢当中工作，他对英国的关注必将大幅减少，心头萦绕的一定是其他更加令人感到恐惧的凶兆。巴黎如同一场噩梦，每个人都被梦魇缠住了。这里弥漫着的是一种虚浮的场面之下大难将至的氛围；人们对摆在他们面前的重大事件束手无策，感到自身实在渺小之极；各类决策，意义混杂而且不切实际；轻率、盲目、傲慢、迷惘的呐喊，这些古代悲剧中的诸般元素，靡不毕集。安坐在法国宫廷富丽堂皇的大厅之上，我们可能会怀疑威尔逊[1]和克里蒙梭[2]自若的神情和如一的外表下，那非凡的仪表，是真实的面孔还是某些奇怪的戏剧或木偶戏中悲喜交集的面具？

与此同时，和会的各项进程都透着这种既非同一般的重要又全然无所谓的气氛。每一项决定似乎都关乎人类社会的未来命运。然而，又仿佛有一种声音无处不在：这些条约中的文字均非剀切之语——徒劳、没有意义、毫无效果，而又迂阔于实情；事态的进程朝向它们冥冥中注定的结局发展，政治家们的运筹帷幄显然对之毫无影响。这给我们一种极为强烈的印象，就好似托尔斯泰的《战争与和平》以及哈代的《列王》[3]中所描述的那样：

---

1  即托马斯·伍德罗·威尔逊（Thomas Woodrow Wilson，1856—1924年），美国第28任总统。——译者注

2  又被译为乔治·克列孟梭（法语：Georges Clemenceau，1841—1929年），法国政治家、新闻记者、法兰西第三共和国总理，法国近代史上少数几个最负盛名的政治家之一。——译者注

3  《列王》是英国诗人、小说家托马斯·哈代于1903—1908年创作的关于拿破仑战争的三卷诗剧，是一部以战争为题材的史诗剧，主要用无韵诗写成。这里的三段诗歌即是凯恩斯从《列王》这部诗剧中摘录下来的，中文翻译参考了蔡受百先生的译诗。——译者注

> 岁月之神
>
> 看吧，那愚昧的芸芸众生，
>
> 他们丧失了一切远见和自制，
>
> 被本性的轻率鲁莽驱入了魔窟之门。
>
> 剩下来没有别的，
>
> 在强有力者只是复仇心炽，
>
> 在软弱无能者只是空怀一腔怒火如焚。
>
> 慈悲之神
>
> 为什么人类的意志，
>
> 会导成这样昏聩的行动和心情？
>
> 岁月之神
>
> 我跟你说过这是在不知不觉中演进的，
>
> 就像被鬼迷了的一样，
>
> 是和非他们已经不能辨明。

在巴黎，与最高经济委员会相关的那些部门几乎每个小时都会收到有关整个中东欧的悲惨境况、混乱无序和机构腐败的报告，而从德国和奥地利的财政代表口中，我们可以知道，有关于这两个国家已然陷入令人可怖的国力耗竭之中的证据，是那样的无可辩驳。由是观之，我们的盟国与敌国之处境又何其相似乃尔。在法国总统府那间闷热而干燥的房间里，来自四个大国的巨头们用徒劳而乏善可陈的密谋，来达到他们各自的目的。当此之时，如果你偶然造访这所房间，则只能加深那噩梦般的感觉罢了。尽管在巴黎，欧洲的问题已经显得如此的严重和紧迫，但是，如果在这个当口儿，偶尔回一趟伦敦，你会发现，伦敦对此却基本上是漠不关心的，这种现象真是让人感到忧心。之所以会出现这样的情状，乃是因为在伦敦，所有这些问题都显得那么的遥远，与我们自身的那些麻烦事儿相比，这些都不过是次要的问题罢了。伦敦知道，巴黎被这些事务搞得焦头烂额，一团糟糕，但是，这都不能引起它的丝毫兴趣。在这样的氛围之下，英国人民在拿到和约之前，甚至都没有瞥上一眼，略微地读上一读。不过，本书作者是受了巴黎而非伦敦的影响而写下这本书的，尽管他是一名英国人，但也同样认为自己是一名欧洲人。因为最近经历了太多鲜活的感受，所以，他无法对这些日子进一步深入展开的这幕伟大的历史戏剧熟视无睹。这幕历史大剧将会摧毁欧洲的伟大制度，但是也可能会创造出一番新的天地。 4

# 第二章　战前的欧洲

1870 年之前，在小小的欧洲大陆不同的地方，人们专业化地生产着自己的产品；不过，作为一个整体，欧洲是完全可以自给自足的。而其人口也与这种状态相适应。

1870 年之后，欧洲的形势发生了前所未有的大规模变化，在此之后的五十年间，欧洲的经济状况开始变得变动不居、颇不寻常起来。由于美国的粮食供应相对充裕，所以，人口对食物的压力得到了平衡，在有记载以来的历史中，这是人类第一次明确逆转与食物之间的关系。虽然人口蕃盛，但是食物的获取实际上却变得比以往还要容易一些。与工业一样，随着生产规模的不断扩大，农业也从中取得了更大比例的收益。伴随着欧洲人口的增长，一方面，有更多的人移民他国，在新的国度从事耕种，另一方面，为了维持这些移民人口的生计，需要生产更多的工业品和资本品，需要修建铁路，建造船只，以向欧洲供应食物以及那些来自遥远异域的原材料，欧洲也需要吸收更多的工人。直至1900 年，工业上的一单位劳动所产生的购买力，年复一年地高于食品数量的增长。而正是在1900 年前后，这种情况开始发生逆转，由于自然资源的约束，单位劳动投入的收益递减规律开始重新显现。不过，谷物实际成本上涨的趋势被其他方面的改良所弥补，显得隐而不彰；其间还有一件奇事——热带非洲的各类资源第一次得到了大规模开发，对油料种子的大量交易，为欧洲人的餐桌增添了一种人类的基本食物，这种食物不但是全新的，而且价格非常低廉。我们大多数人都是在这样一个较早些的经济学家们所认为的经济上的理想黄金国（Eldorado）和乌托邦（Utopia）里生活着。

在那个幸福的年代，我们很容易忽略政治经济学这门学科的奠基人所持有的那种对这个世界根深蒂固的悲观之见。在十八世纪之前，人类并没有心存什么错误的妄念。十八世纪后半叶，有一种幻想开始逐渐变得流行起来，为了给这样的幻想奠立基础，马尔萨斯揭露了一个恶魔。[1]在之后的半个世纪里，所有严肃的经济著作都认为，这个恶魔在明确的未来前景中必将显现。在接下来的半个世纪中，这个恶魔被我们绑缚住了手脚，淡出了我们的视野。然而，现如今这个恶魔很可能又重新被我们释放出来。

在人类的发展历程当中，截止到 1914 年 8 月之前的这一时期，真可谓是一个壮丽的时代！尽管实际上来看，绝大多数人还是要拼命地工作，而生活的舒适程度也相对较低。但是，很显然，对于这样的命运，他们还是相当满意的。而且，任何一个在能力或者品性方面有着过人之处的人，要想脱离开这种境地，一跃而为中产阶级或者上层社会的一员，完全有其可能。对于他们来说，生活方便而且舒适，费用也不高，基本上没有什么可忧虑的事儿，这种愉悦的生活，较之于其他时代的那些

---

1　即托马斯·罗伯特·马尔萨斯（Thomas Robert Malthus，1766—1834 年）。英国经济学家，以其人口理论闻名于世。他在《人口论》（1798 年）中指出，人口按几何级数增长而生活资源只能按算术级数增长，所以不可避免地要导致饥馑、战争和疾病，这就是后世所谓的"马尔萨斯陷阱"。他呼吁采取果断措施，遏制人口出生率。凯恩斯所言的这个马尔萨斯所揭露的恶魔，或许就是后世人们所称的"马尔萨斯陷阱"。——译者注

富甲天下、不可一世的君主犹有过之。伦敦的居民，可以一边在床上啜饮着早茶，一边用电话订购来自世界各地的各种商品，这些商品可谓是应有尽有，想要多少就可以订购多少，而且完全可以期待着它们会一大早就被送到顾客的家门口。同时，他们也可以使用同样的方式，对世界各地的自然资源和新兴企业进行财富上的投资，几乎不费吹灰之力，也不会遇到什么麻烦，他们就可以获得所期待的成果和收益。又或者，凭他喜欢，或者因为得到了什么信息所给出的建议，他还可以将其财产交托给任何一个大陆上某个大城市当中哪一位值得信任的居民，让其帮他来打理。只要他愿意，他马上就可以乘坐舒适又廉价的交通工具，去到这个世界上的任何国家或地区，而不需要护照或其他正式的手续。他可以吩咐他的仆人到隔壁银行的办公大厅里，极为便捷地取得贵金属的供应，然后就可以带着这些贵金属到国外去，即使他对所去国家的宗教、语言和风俗习惯一概无知无识，这也没有什么关系。倘若稍微发生一点点冲突，他就会大惊小怪，认为自己受到了严重的侵犯，倍感委屈。最为关键的是，他把这种事务的状态视之安然，认为这才是正常的、自然而然的、万世不易的情状，除非是在进一步改进的方向上，否则的话，任何对这一发展方向的偏离都是反常的、不道德的，也是可以避免的事情。军国主义和帝国主义、种族和文化的冲突与对抗、垄断、贸易壁垒、排外主义，这些方面的事务与政治观点，犹如天堂里的那条毒蛇。不过，对于英国人来说，所有这一切，与每日刊登在报纸上的娱乐新闻几乎没有什么分别，对于我们日常的经济和社会生活似乎没有带来任何影响。而事实上，这些方面的国际化进程，已然接近完成。

对于战前即已存在的欧洲经济生活中那些主要的不稳定因素，我若加以更为深入的阐述，则必将有助于理解我们所强加给敌国的和约、它的性质以及将带来的后果。

# I. 人　口

1870 年，德国的人口约为 4 000 万。到了 1892 年的时候，这个数字已经上升到了 5 000 万，而截至 1914 年 6 月 30 日，德国人口已达 6 800 万左右。在战前的数年当中，每年大约增长 85 万人，其中移居他国的人口，在其中所占的比例之小，几乎可以忽略不计。[1]只有在这个国家的经济结构进行了影响深远的转型时，如此巨大的人口增长方才可能实现。德国从一个自给自足的农业国家，转变成了一台庞大而复杂的工业机器；这台机器的运行，取决于德国内部以及外部众多因素的均衡态势。只有让这台机器开足马力不停地运行下去，才能在国内为其不断增加的人口创造出就业的岗位来，才能使德国找到从国外购买为维持国民生计所需的物品之办法。德国这台巨大的机器，就像一个陀螺，要想维持平衡，就必须旋转得越来越快才行。

在奥匈帝国，人口从 1890 年的大约 4 000 万，增加到战争爆发之时的至少 5 000 万，出现了和德国相同的趋势，只不过程度相对为轻罢了；每年新出生的人口要比死亡的人口多出大约 50 万，不过，其中有将近 25 万人移民到了国外。

要想理解目前的这种情况，我们必须先得清楚地认识到，德意志的体制已经把中欧变成了一个多么不同寻常的人口中心。在大战之前，德国和奥匈帝国的人口加在一起，不仅大大超过了美国的人口数，而且几乎与整个北美洲的人口总数持平。如此众多的人口，拥挤在如此狭小的区域之内，这就为中欧军事实力的增强奠定了基础。而同样数量的人口——即便战争的爆发也未尝使人口有明显的减少[2]——如果被剥夺了

---

1　1913 年，由德国移民他国的人口为 25 843 人，其中 19 124 人是移居到美国去的。

2　与 1914 年初相比，由于出生率的下降和死亡率的上升，使得 1918 年底的德国人口数，净减少了大约 270 万。

谋生的手段，对于欧洲的秩序，不啻是一个巨大的威胁。

俄国的欧洲部分，其人口增加的程度，较之于德国有过之无不及。1890 年，这一地区的人口尚且不到 1 亿，而截至战争爆发时，其人口总数已经达到了大约 1.5 亿；[1] 就在 1914 年之前的那几个年头，整个俄国每年出生人口超过死亡人口的总数，其速度更是高得惊人，二者之间的差距已然达到了 200 万之多。俄国人口的这种极度增长，在英国并未引起广泛的关注，尽管是这样，它还是成为了最近几年来最为重大的事件之一。

历史上的重大事件，常常是由于诸如此类的人口增长以及其他根本性经济原因的长期变化引起的，同时，又因为这些变化往往是潜滋暗长的，所以也就容易被同时代人视而不见，而将其归咎于统治者的愚行或者无神论者的狂热。因此，过去两年间俄国发生了一系列重大事件，社会发生了巨变，这样的巨变将那些看似最为稳定的东西——宗教、财产的基础、土地所有权、政府的组织形式以及社会阶级的等级制度——都倾覆了，这一巨变更多地应该归因于人口持续增长所带来的深刻影响，而不是列宁或尼古拉[2]。在冲决社会习俗的罗网方面，过于强悍的民族繁衍生息能力，体现出来强大的破坏力，而这一力量可能要比思想或者独裁者的错误所带来的力量，更为强烈。

---

1 包括波兰和芬兰，但是不包括西伯利亚、中亚和高加索地区。

2 此处指的应该是尼古拉二世·亚历山德罗维奇，俄国末代沙皇，1868 年 5 月 18 日出生于圣彼得堡，是亚历山大三世与皇后玛利亚（丹麦公主达格玛）之长子。1894 年正式登基，同年 11 月 26 日在圣彼得堡娶黑森-达姆施塔特公国的爱丽丝·维多利亚·海伦·路易丝公主为妻。1918 年 7 月 17 日，沙皇尼古拉二世及其家人在叶卡捷琳堡的一间囚室内被俄国肃反人员处决。俄国末代沙皇尼古拉二世曾承认自己是一个不称职的帝王，他执政时期的俄国充满了动乱、冲突和饥饿，俄国人民生活在水深火热之中。——译者注

## II. 组织体制

人们所赖以生存的那种精密的组织体制，部分地取决于这个系统内部的诸般要素。

在俄国、德国和奥匈帝国境内，生活着接近 3 亿人，这些国家之间的疆界摩擦和关税壁垒已经降到了最低的限度。各国通货均与黄金挂钩，彼此联系在一起，形成了一个稳定的货币基础，这在很大程度上便利了资本的流通和贸易的发展。但是，现如今我们只是失去了这些有利条件之后，方才认识到它的全部价值。在这片广阔的区域之内，居住在其间的人们和他们的财产几乎可说是绝对安全的。

以前，欧洲人民还从未在这样一个广阔而人口众多的区域之内，如此长时期地安享过秩序、安定和统一。正是这种秩序、安定和统一，为这台庞大的机械装置的交通运输、煤炭分配、对外贸易等的组织体制铺平了道路。而交通运输、煤炭分配、对外贸易等都是在新增人口密集的城市中心地区建立工业生活秩序必不可少的要件。这些都是人所共知的常识，甚至无须任何数字来加以详细的佐证。不过，我们还是可以用煤炭的数字来说明之，煤炭对于中欧的工业发展，就像对英国的工业发展一样，同样至关重要。1871 年，德国的煤炭产量是 3 000 万吨，到了 1890 年，一跃而为 7 000 万吨，1900 年又升至 1.1 亿吨，到了 1913 年，这个数字更是高达 1.9 亿吨。

欧洲的经济体系乃是以德国作为中心支柱而建立起来的，德国的繁荣和德国的企业，是欧洲大陆其他地区繁荣的主要保障。德国不断加快的增长步伐，为其邻国的产品提供了出路，这些邻国又可以通过非常低廉的价格，从德国的企业那里交换到它们所亟需的物品。

德国与其邻国在经济上相互依存的统计数据，可以说不胜枚举。德国是俄国、挪威、荷兰、比利时、瑞士、意大利、奥匈帝国的最大出口对象国，是英国、瑞典和丹麦的第二大出口对象国，是法国的第三大出口对象国。德国还是俄国、挪威、瑞典、丹麦、荷兰、瑞士、意大利、奥匈帝国、罗马尼亚和保加利亚最大的进口来源国，是英国、比利时和法国的第二大进口来源国。

在我们英国，情况是这样的：德国是这个世界上仅次于印度的英国第二大出口对象国；同时，德国也是除了美国之外英国的最大进口来源国。

除了位于德国西边的几个国家之外，没有哪一个欧洲国家的对德贸易额占其贸易总额的比例少于四分之一的；至于俄国、奥匈帝国和荷兰，这个比例就更加之大了。

德国不仅通过贸易为这些国家提供它们所需要的产品，而且还为其中的一些国家提供其自身发展所需要的大部分资金。德国战前的境外投资总额高达约 12.5 亿英镑，其中有不少于 5 亿英镑是投资于俄国、奥匈帝国、保加利亚、罗马尼亚和土耳其的。此外，通过"和平渗透"(peaceful penetration) 体系，德国不仅向这些国家提供资金，而且还向这些国家提供它们同样所亟需的组织管理体制。如此一来，莱茵河以东的所有欧洲国家都被纳入到了德国的工业轨道上来，它们的经济生活也被相应地进行了调整。

10　　但是，仅有这些内部因素，而缺乏外部诱因以及一些常见于欧洲的总体部署的通力协作，尚不足以实现欧洲人口的自我维持。这里所述及的许多情况，都是把欧洲作为一个真正的整体来加以对待的，并且不仅仅是适用于中欧的诸个帝国。不过，接下来的论述，则是整个欧洲体系所共同面临的问题。

### III. 社会的心理状态

欧洲在社会与经济上的确是按照可以确保获取最大的资本积累这样

的原则组织起来的。虽然人口中的绝大多数其日常的生活条件不断地得到了某种程度的改善，但是，社会的组织架构则是将收入增加中的很大一部分分配给了最不可能将之用于消费的阶层手中。十九世纪新富起来的阶层，并没有带来多大的消费支出，与即时消费所得到的愉悦相比，他们更喜欢投资带来的权力。事实上，正是这种财富上的**分配不公**，才使得固定财富和资本改良的巨大累积成为可能，这种积累把那个年代与其他年代界分了出来。而资本主义制度得以存续的主要理由，实际也正在于此。如果富裕阶层将他们所有的新财富都用在自我享受上，那么，这个世界老早就会发现，此种社会制度是让人无法忍受的。他们像蜜蜂一样进行储蓄和财富的累积，尽管这样做无非是出于较为狭隘的个人目的，但是，这一点儿也没有减低他们对整个社会所做的贡献。

固定资本的庞大累积，对于人类之发展厥功甚伟，在战前半个世纪当中，这种情况已经蔚然成风；而在一个财富被均等地分配的国度里，这样的事情是永远也不可能发生的。在那个时代所建造的世界铁路，堪称是一座让后世子孙无限景仰的丰碑，较之于埃及的金字塔，丝毫也不逊色。工人们也不能自由地将与他们所付出的劳动相等价的报酬，用于即时享受的消费之上。

因此，这一非凡的制度，其发展乃是建立在双重的误导或者说欺骗的基础上的。一方面，劳动者阶层或因为无知，或因为无能为力，或是被强迫、劝导，或是被风俗、惯例、权威和早已树立的社会规范所哄骗，而接受了这样的制度；在这种制度之下，劳动者只能取得由他们以及大自然和资本家合作生产出来的蛋糕的很少一部分。而另一方面，资本家阶层却被允许将这块蛋糕的大部分据为己有，理论上来说，他们可以自由地消费这些产品；而潜隐的、众人皆所意会的情况则是，他们实际上只消费这些产品中的很少一部分。"储蓄"的义务构成了德性十分之九的

11

内容，而且将不断地做大蛋糕变成了真正的宗教追求之一。蛋糕做大而又不被消费，在这一点上所有清教徒式的本能都发挥出来了；而在其他年代里，这种清教徒式的本能是远离尘世的，对于生产的技艺，它并不在意，就像它不贪图享乐一样。这样一来，蛋糕越来越大，但是，对于最终目的，则缺乏清醒的思量。人们被这样劝诫，他们应该延期消费，而不是拒绝消费，应当培养自己从安全和期待当中获得快乐的习性。储蓄原本是为了自己的老境而预作打算，或者是为子孙儿女考虑，但是这只是理论上的说法——蛋糕的价值在于，它永远不会被消费，既不会被你，也不会被你的子孙后代所消费。

我之所以如此书写，绝不是在刻意贬低那一代人一贯的行事风格。社会在其成为社会的无意识的深处，对于自身意欲何往，自有其规律可循。相对于消费的欲望，蛋糕的确是太小了，而如果将它分给大家，没有人会认为这样的分割会让他们的境况变得更好。社会并不是为了眼下这些许的欢愉，而是为了人类未来的安全与改进——实际上就是为了"进步"——在运转。如果蛋糕未被瓜分，而是让它以马尔萨斯所预言的人口那样成几何级数增长，或者至少以复利的形式增长，那么，或许最终有那么一天，蛋糕会大到足够众人所分配的地步。到了这个时候，我们的后代子孙就可以与**我们**一样，来分享劳动所带来的那种愉悦感觉了。那个时候，过度的劳作、居处的拥挤以及食物的匮乏，将会成为过往烟云，不复困扰我们的生活；人们在满足了自己身体的基本需要，而且过上了舒适的生活之后，就可以把他们的能力投入到更为高贵的事业中去。但是，如果蛋糕和人口皆以几何比例增长的话，那么，两者就会相互抵消。十九世纪的人们，沉醉于蛋糕以复利方式增长这一令人目眩神迷的优长，却忘记了人类这个物种繁衍后代的能力。

这番景象背后有两个隐患：其一，恐怕人口的增长仍然会超过积累的

12

增长，我们的自我克制，所增加的是人口的数量，而不是我们的幸福感；其二，在这场吞噬一切希望的战争里，恐怕蛋糕会被提前消耗殆尽。

但这些方面的思考，对于我现在的目的而言，皆可谓离题太远。我只想指出，以社会不平等为基础而进行积累的原理是战前社会秩序的重要组成部分，也是当时我们所理解的社会进步的重要组成部分。我想要强调的是，这一原理取决于一些不稳定的心理状态，或许再也不可能重现昔日的景象。对于只有很少一部分人能够享受舒适生活的人类而言，进行如此庞大之积累，本身并不自然。这场大战已然向我们揭示出来，一切的消耗都是可能的，而对于许多欲望的克制并没有什么价值。这样一来，谎言终归要被揭穿。一般来说，劳动者阶层可能不会再这样忍受下去，资本家阶级也不再会对未来抱持着什么信心，只要有可能，他们就会去追求和享受更多的消费自由，而这样也就加速了对其财产的消耗。

## IV. 旧世界与新世界的联系

在这场大战之前，欧洲人民喜欢积累的习惯，乃是维持欧洲平衡的必要条件当中最大的外部因素。

欧洲所积累的剩余资本品中，相当大一部分是被出口到国外去的，在那些地方，这些投资使得在当地开发新的食物和原材料的来源，以及发展交通运输成为可能，与此同时，也使得旧世界对新世界的自然资源和未开发的潜力产生了需求。这后一种因素现如今已然成了最为重要的因素。旧世界以极为节俭的生活习惯使用着每年所应该取得的贡品。旧世界的剩余资本使得新世界的发展成为可能，这种发展又为旧世界带来了廉价而丰裕的供给，实际上，旧世界并没有把这些供给所带来的利益推迟到将来才加以享受。而且，国外投资所带来的货币收益中，比较大的部分是被用来再投资，积累起来作为储备，以备将来好光景不再时派

13

上用场的。好日子一去不返的时候，欧洲勤劳的工人们再也不能以如此低廉的价格购买其他大陆的产品，欧洲的历史文明与其他气候和环境下不断增长的人类群体之间所维持的原有的平衡，也就会受到威胁。如此一来，整个欧洲的人们，无论是在国内延续他们的文化，还是到国外在冒险中求取生存，总想着能从新资源的开发中分得一杯羹。

然而，即便是在大战之前，旧有的文明与新的资源之间业已建立起来的均衡态势，就已经受到了威胁。欧洲的繁荣是建立在这样的事实之上的：由于美国可以提供大量的剩余粮食以供出口，所以，以欧洲出口品的劳动生产率来衡量，欧洲国家所能够购买到的食物的价格是极为低廉的。而且，由于欧洲先前所做的资本投资，使其每年都可以获得大量的商品供应，而不需要为此付出任何代价。这些因素中的第二个看起来并没有什么危险性，但是，由于海外人口的增长，其中主要是美国人口的增长，这就使第一个因素已经不那么有保障了。

当美国的处女地刚刚开始投入到生产中去的时候，这些大陆上自身的人口比例以及与之相适应的对当地产品的需求，和欧洲相比，都是非常之小的。至迟在 1890 年，欧洲的人口有南北美洲总人口的三倍之多。但是，到 1914 年，美国国内对于小麦的需求，快要达到了它的生产水平；只有在取得大丰收的年份，美国才可能有剩余的粮食以供出口的日子，已经明显地迫近了。事实上，根据估计，美国国内目前对于小麦的需求，已经超过了 1909 年到 1913 年间美国小麦平均产量的 90%。[1]

14

---

[1] 自 1914 年以降，美国人口甚至已经增加 700 万到 800 万之多。如果他们每人每年消费的小麦不低于 6 蒲式耳，那么，与当前美国国内的需求相比较，其战前五年中的小麦产量，仅有一年是比较充裕而有剩余的。由于胡佛先生提出的保护性价格，使美国取得 1918 年和 1919 年的小麦大丰收，这为我们解了燃眉之急。但是，美国不可能为了向没有支付能力的欧洲提供小麦，而继续实施这种会极大地增加美国人民生活成本的举措。

然而，到了这个时候，粮食短缺的倾向则更多地表现为粮食实际价格的持续上涨，而不再是数量上的短缺。这就是说，如果将世界作为一个整体来加以看待，那么，小麦并不缺乏，但要想获取足够多的供应，那就必须得支付一个更好的实际价格才可以。在这种情况下，某种程度上来说，对于中欧和西欧而言，所能发现的最为有利的因素，无非就是俄国和罗马尼亚可供出口的剩余粮食能够满足需要。

总而言之，欧洲对于新世界资源的要求权，已经开始变得不那么稳固。边际收益递减规律最终实现了自我的证明，使得欧洲必须年复一年地用更多数量的其他商品来获取同等数量的面包。因此，欧洲是绝对没有办法承受任何主要供应来源国家的解体的。

要想尝试着给出 1914 年欧洲在经济上的特性，或许应当提及更多的因素。我着重挑选出了三到四个最为重要的不稳定因素来加以强调——过多的人口依赖于这个复杂而不够自然的人为组织来生存，劳动者阶层和资本家阶层在心理状态上的不稳定性，欧洲在食品供给方面存在的不稳定性，以及欧洲在食品供给上完全仰赖于新世界。

此次大战，如此猛烈地动摇了这一体系，以至于将所有欧洲人的生活都置于危境。欧洲大陆有很大一部分重病缠身，气息奄奄；它的人口大大超出了可以维持其生计的数量；它的组织体制被毁弃，交通系统四分五裂；食品的供应能力也被极大地削弱。 15

尊重约定与彰显正义，是巴黎和会的任务所在；但是，重建人们的生活与医治战争的创伤，也是和会的任务，也同样重要。执行这些任务，既需要审慎的精神，又需要有古圣先贤们所颂扬的那种胜利者应该拥有的宽宏大量。在本书后续章节中，我们将对和约的实际特征作一番检视。 16

# 第三章　巴黎和会

在本书的第四章和第五章，我们将详细地研究对德和约的经济和财政方面的条款。不过，如果在此先就影响到这些条款的个人因素预作铺垫，我们就可以更为容易地理解其中诸多条款的真正由来。在尝试完成这一任务的过程中，我会触及动机的问题，这一点不可避免，而在这些问题上，旁观者很容易犯下错误，而且他们也无需对最后的决断承担任何责任。不过，在本章，我有时候似乎也会表现出历史学家们习以为常的那种发挥想象的自由，但是，对于同时代的人而言，虽然对我们自己所述的内容有着更多的认识，我们一般也还是不敢随便地擅用这种自由。人类意志与决心的复杂争斗从未止息，在1919年最初的几个月里，这种斗争以前所未有的方式集中体现在四个人身上，构成了人类竞争的缩影。如果读者诸君在心中牢记要理解世界的命运，理解人类是多么地需要光明来照亮这种复杂的斗争，即便这光明是局部的、不确定的，也在所不惜，那么，读者们也就能原谅我对这种自由的擅用了。

这里，我所涉及的一部分条约，是由法国领导的，意思是说，这些非常极端而又不容置疑的提议，一般而言乃是由法国首先提出来的。一定意义上来说，这是一种策略。当大家期待最终结局应当是某种妥协之时，就会经常审慎地以一个极端的立场开局；法国一开始就预料到会有

两次妥协的过程，这一点与其他国家并无二致：首先，要与他们盟国的
认识保持一致；其次，在和会召开的过程中，要与德国人保持意见上的
协调。这些策略均被嗣后的事实——证实。克里蒙梭在与会的同僚中赢
得了为人稳重的好名声，这是因为，每当他的政府部长们提出了更加极      17
端的建议时，他经常会以一种智慧而公正的神情加以制止。在英美两国
的批评家对争论的关键点轻易忽视的时候，当法国的盟友们一味地批
评，就好像他们是站在敌国的立场上为敌人讲话，从而遭人抱怨的时
候，很多条款已经被悄悄地通过。而在与英美两国的国家利益关系并不
紧密的地方，两国的批评之声也即减弱。因此，这些方面的很多条款得
以通过，法国人自己并不以为意。而且，由于德国无权参与对最后时刻
的决定之讨论，这就彻底丧失了修改和约中错误的机会。

不过，除了这些策略之外，法国还有一项政策。尽管克里蒙梭可以
简单地对内阁阁员们的主张加以否决，或者在讨论的话题与法国的利益
无涉的时候，闭上双眼，摆出一副疲惫的神态，但是，哪些方面是举足
轻重的，他的内心则极为清楚，对于这些方面，他绝对不会让步。就和
约中的那些主要的经济条款而言，它所呈现出来的那种智识上的理念，
很显然是法国的理念，是克里蒙梭的理念。

迄今来看，克里蒙梭乃是四位巨头当中最为杰出的一位，对于他的
那些同僚们，他揣测得非常清楚，拿捏得极为准确。只有他一人，既有
自己的主见，又对和约各种可能的后果做了一番仔细的思量。他的年
龄、性格、智慧与外表，这些因素糅合在一起，使得他在那个嘈杂、混乱
的环境中显得格外的客观冷静而又形象鲜明。若要轻视克里蒙梭，或者
不喜欢这个人，那是不可能的，但是，对于一位外表温文有礼的人之本
性，却可以有不同的看法，至少，可以让我们对之有一番不一样的
期待。

克里蒙梭的外表和举止，世人皆已熟知。在四人会议当中，他身穿一件考究的厚重黑色绒面呢子方尾外套，手上总是戴着一副灰色的皮质手套，脚蹬一双上等黑色厚皮革制成的靴子，而且是那种乡村风格的，有时靴子前面会比较奇特地用搭钩而不是鞋带系着。四人会议的例会，设在总统府的那间房间（这个房间与楼下举行没有侍从在侧的私人会议的较小的房间不同）里召开，克里蒙梭的座位，是壁炉对过儿半圆形空间正中的那把铺有锦缎的方椅，奥兰多先生[1]在他的左侧，再往左，靠着壁炉的是威尔逊总统的座位，与威尔逊总统相对，坐在壁炉的另一侧的，是劳合·乔治首相[2]。克里蒙梭从来不带什么文件或者公文包之类，也没有任何私人秘书模样的人随侍左右，不过，一旦开始涉及某些特定的议题，总有几位法国的部长和官员适时地出现在他的旁边。他走路的姿势、他说话的声音，一举手一投足之间，无不显现出充沛的活力，但是，他还是表现出一副老态，尤其是在他被刺之后，他就像一位非常之年迈的老人在为重要的场合蓄积体力一般。他讲话不多，关于法国那些在和会上的建言，他都是让他的部长或官员们去申述。他经常闭起眼睛，表情冷漠地靠在椅子上，面如羊皮纸一般颜色；那双戴着灰色皮质

---

1　即维托里奥·埃曼努尔·奥兰多（Vittorio Emanuele Orlando，1860—1952 年），意大利国务活动家，自由派首领之一。1897 年当选为众议员。1903—1905 年任教育大臣。1907—1909 年任司法大臣。1917—1919 年任意大利内阁总理，曾率领意大利代表团出席巴黎和会。1919 年 6 月辞职。1919—1920 年任议会议长。1925 年因法西斯党在选举中舞弊，愤而辞职。1946 年当选为制宪议会议长，1948—1952 年任参议员。——译者注

2　劳合·乔治（1863—1945 年），英国自由党领袖。1890 年当选为英国下议院议员。1911 年任财政大臣期间提出国民保险法，该法被公认为是英国福利国家的先声。第一次世界大战期间任军需大臣、陆军大臣等职。1916 年 12 月 7 日出任首相，对内扩大政府对经济的控制。战争结束后，在英国保守党和英国自由党联合政府中，劳合·乔治仍任首相。1918 年议会通过选举改革法，扩大选民范围，颁布国民教育改革法，实行 14 岁以下儿童的义务教育。1919 年他出席并操纵巴黎和会，是巴黎和会"三巨头"之一，签署了《凡尔赛和约》。1921 年给爱尔兰以自治领地位。——译者注

手套的手，交叉在一起放在胸前。他出语简洁明快，或下判断，或语带讥讽，对于所关涉的那些场合，一般来说已然足矣。有的时候，他会提出一个问题，有时则会斩钉截铁地将他的那些部长们的话予以推翻，并不顾及他们的颜面，或者他也会用几句尖刻的英国话来表明自己的固执己见。[1]不过，一旦需要，他也会发表演说，不乏激情；往往突然迸发出一段话后，紧接着的就是一阵剧烈的咳嗽声。他之所讲，总是让人印象深刻，这与其说是因为话语本身具有说服力，不如说是由于他在说话时所具有的力量和给人以震撼的缘故。

劳合·乔治先生在发表完英文演说，等待译员翻译成法语期间，他偶尔会穿过壁炉前的地毯，走到威尔逊总统身边，在他们的私下交谈中，他用某种从个人偏好出发的辩论方式，来强化自己的观点，或者尝试着寻找一种折中的解决之法——而这，有时候也就会是恐慌和混乱的一种信号。当此之时，总统的顾问们就会过来围绕在他的周围；稍后，那几个英国的专家也会鱼贯而来，询问结果，或者察看一下事情的进展如何。接下来，法国人又会凑到近前，狐疑满腹，深恐他人瞒着自己安排下了什么事情。如此景象，直到屋子里所有的人都站起来，用英语和法语开始普遍地交谈起来，才会结束。有关这一景象，留给我的最后，也是印象最深的场景是这样的：蜂拥的人群、嘈杂的声音、群情激奋的场面，而威尔逊总统和劳合·乔治首相就是这种场景的中心。人们对着无论怎么看都显得并不真实的问题无休止地争论着，而早晨刚刚召开过的会议中所讨论的那些重要问题，悉数被抛在脑后。在这样的背景之下，各种妥协与退让，同时伴随着的各种反对与坚持，一切的喧嚣与躁

19

---

1　克里蒙梭是四人中唯一一位能够同时听懂和操持两种语言的，奥兰多只懂法语，我们的首相和威尔逊总统则只会操英语；奥兰多和威尔逊总统彼此之间无法直接进行语言交流，这当有着重大的历史干系。

怒都毫无意义。对于这一切，克里蒙梭总是保持着缄默，神情冷淡——这是因为被提及的那些问题并未涉及法国的安全。他戴着灰色的手套，安坐在铺着锦绣的座椅上，看上去极为苍老和疲倦，似乎失却了魂灵，清空了所有的期待一般，他面带一种嘲讽得近乎顽皮的神情，远远地审视着这一幕。待到大家终于安静下来，回到各人的座位上的时候，他们这才惊觉，克里蒙梭先生早已离开了房间。

克里蒙梭对法国的忠诚，堪比伯利克里对雅典的忠诚[1]，对于他来说，法国是他唯一的魂牵之地，除此之外，皆无意义可言。但是，他的政治理论却是俾斯麦式的[2]。对于法国，他抱有一种幻念，而对包括法国人

---

1　伯利克里（Pericles，约公元前 495—前 429 年），古希腊奴隶主民主政治的杰出代表，古代世界著名的政治家之一。伯利克里出身雅典名门，受过良好的教育，曾向那个时代的智者哲人达蒙和芝诺学习音乐、政治理论和哲学思想。伯利克里的青少年时代是在希腊同盟抗击波斯侵略者的岁月中度过的。在这场战争中，雅典与盟队勠力同心，凭借海上舰队大败波斯军，取得了辉煌胜利，随后又缔结提洛同盟，一跃而为最强大的国家，经济繁荣，文化昌盛。怀着对自己国家的热爱和作为雅典公民的信心与自豪，伯利克里登上了雅典的政治舞台。他守正不阿、廉洁奉公，有眼光、善演说，坚毅冷静、气宇不凡，具备一个优秀政治家的品格和气质。伯利克里逐渐控制了雅典政局，从公元前 443 年到公元前 429 年，每年连选连任雅典最重要的官职——首席将军，完全掌握国家政权。在伯利克里的领导下，雅典的奴隶制经济、民主政治、海上霸权和古典文化臻于极盛。——译者注

2　奥托·爱德华·利奥波德·冯·俾斯麦（Otto Eduard Leopold von Bismarck，1815—1898 年），劳恩堡公爵，普鲁士王国首相（1862—1871 年），德意志帝国首任宰相（1871—1890 年），人称"铁血宰相"（"铁"指武器，"血"指战争）、"德国的建筑师"、"德国的领航员"。俾斯麦是十九世纪德国最卓越的政治家，担任普鲁士王国首相期间，通过一系列铁血战争统一德意志，成为德意志帝国第一任宰相（又称"帝国总理"）。俾斯麦是保守派，维护专制主义，镇压了十九世纪八十年代的社会民主主义运动。但他通过立法，建立了世界上最早的工人养老金、健康医疗保险制度、社会保险。由于其对德国统一的贡献，俾斯麦获任德意志帝国陆军上将。俾斯麦在外交上纵横捭阖，成为十九世纪下半叶欧洲政治舞台上的风云人物。1890 年 3 月被德皇威廉二世解职。俾斯麦下台时被封为劳恩堡公爵。此后他长住汉堡附近的弗里德里希斯鲁庄园，著有回忆录《思考与回忆》。——译者注

和他的那些同事们在内的人类，他却极为清醒。他关于和平的诸种原则可以简单地表述如下。首先，他始终坚信，就德国人的心理而言，他们除了威胁之外，什么也不会理解，也无法去理解。因此，在谈判当中，对于德国人，他没有表现出丝毫的怜悯，也绝无半分慷慨之意，没有什么好处是他不想争取的，他可以为了任何的利益而不惜自贬身份，一点也不会顾及名誉、尊严与仁德。因此，在克里蒙梭看来，与一个德国人进行协商或者试图与之和解，根本没有这个必要。我们所要做的，只需对他下达命令，使其遵守即可。德国人压根儿就不可能尊重你，无论你怎么做，都无法阻止他去欺骗你。不过，关于克里蒙梭在多大程度上认为这些特性乃是德国人之所特有，或者他是否认为其他国家的人与此截然有异，则我们并不确定。所以，他所秉持的哲学就是：在国际关系中，是没有给"多愁善感"留出任何位置的。国家是真实的存在，你热爱其中的一个，而对于其他的那些，你则漠不关心，乃至心怀仇恨。你所热爱的这个国家的无上荣光，是值得追求的理想之目的，但是，一般来说，你的邻国却需要为此付出代价。为了实现这样的理想之目的，追逐政治 20上的权力乃是终不可避免之事。从这场战争以及它所追求的目的中，我们并没有得到什么值得深入认识的新事物。像此前的每一个世纪一样，英国击垮了它在商业上的一个竞争对手；德国和法国为了荣耀而长期争战的重要历史篇章也已经宣告结束。为求审慎，对于愚蠢的美国人和虚伪的英国人之"心中理想"，我们需要聊表数语，加以抚慰。不过，如果真去相信这个世界上会存在像国际联盟[1]这样的机构，抑或除了一个用来

---

1 国际联盟，简称国联，是《凡尔赛和约》签订后组成的国际组织，1934 年 9 月 28 日至 1935 年 2 月 23 日处于高峰时期，国联曾拥有 58 个成员国。其宗旨是减少武器数量、平息国际纠纷、提高民众的生活水平以及促进国际合作和国际贸易。在其存在的 26 年中，国联曾协助调解某些国际争端和处理某些国际问题。不过国联缺乏军队（转下页）

重新平衡各国利益均衡的精巧公式之外，还存在某种意义上的民族自决原则，那就真是愚不可及了。

然而，这些都还只是一般性的原则。在追踪克里蒙梭所认为的那些为了法国的权力与安全，从而和约必当具有的实质性细节之时，我们必须回到对其人生造成影响的历史原因上来。在普法战争[1]之前，法德两国人口大致相当，但是，德国的煤炭、钢铁与航运，彼时尚处于发展的初期，所以这个时候法国的财富远在德国之上。即便是在法国割让给德国阿尔萨斯-洛林[2]之后，两国之间在实际的资源方面也没有什么太大的差别。但是，普法战争之后，两国的相对地位就发生了翻天覆地的变化。截至 1914 年，德国的人口要比法国多出 70% 左右，德国已经成为世界上第一流的制造业和商业国家，在技术上的精熟，以及在生产未来财富方

---

（接上页）武力，所以要依赖大国援助，尤其是在制裁某些国家的时候。然而，国联缺乏执行决议的强制力，未能发挥其应有的作用，其国际制裁亦影响同样施行制裁的国联会员（如美国及西方国家）。由于它的设计仍不尽完善，比如曾规定全面裁减军备却未能付诸实现，或是采取制裁侵略者的行动之前，须先经过理事会全体投票。美国没有加入国际联盟，更使国联丧失了坚定和稳固的支持力量，因此最终国联无从阻止国际纠纷，不能阻止法西斯的侵略行为及第二次世界大战的爆发。二战结束后，国际联盟被联合国所取代。——译者注

1　普法战争是 1870—1871 年普鲁士王国同法兰西帝国之间的战争。因争夺欧洲大陆霸权和德意志统一问题，普法两国之间关系长期紧张。1870 年 7 月 14 日，普鲁士王国首相俾斯麦发表了挑衅性的"埃姆斯电报"，触怒了法国政府。7 月 19 日，法国对普宣战。但战争开始后，法军接连败北。9 月 2 日，拿破仑三世亲率近十万法军在色当投降。9 月 4 日，巴黎爆发革命，成立法兰西第三共和国。但普军仍长驱直入，包围巴黎。1871 年 1 月 28 日，巴黎失陷，两国签订停战协定。2 月 26 日，双方在凡尔赛签订初步和约。5 月 10 日在法兰克福签署了正式和约。这次战争使普鲁士完成德意志统一，结束了法国在欧洲大陆的霸权地位。——译者注

2　阿尔萨斯-洛林（Alsace-Lorraine），法国东部地区，包括今法国上莱茵、下莱茵和摩泽尔（Moselle）省，即普法战争后法国于 1871 年割让给德国的领土。1919 年第一次世界大战后，这块土地归还法国。第二次世界大战期间，被德国占领，后又归还法国。——译者注

面的手段之精巧，举世罕有其匹。相反，法国的人口则停滞不前，甚至还有下降的趋势，相对于其他国家，法国在财富以及财富的创造力方面，已经是远远地落后了。

因此，虽然法国在当下这场大战中赢得了胜利（而这次也是在美国和英国的帮助之下才取得的胜利），但是，在克里蒙梭心目当中，法国的地位仍然是极不牢固的。他认为，欧洲的内战将来会经常性地爆发，或者至少会再次到来，未来事务之状态，可能会是这样一番景象：绵亘过去数百年间的各大强权之间的战争硝烟，今后还会绵延不绝下去。由是 21 观之，则欧洲的历史就会呈现永无止境的竞争局面，法国在这个回合中占了上风，但是这个回合注定不会是最后一轮争战。由于法国和克里蒙梭相信人性是不可移易的，因此从本质上而言，根植在这种人性基础之上的旧有的规则也不会改变，由此他们对国际联盟所代表的那类教义充满怀疑。所以，从这些方面来看，法国和克里蒙梭的政策是一以贯之、合乎逻辑的。如果和约建立在威尔逊总统的"十四点计划"[1]思想之上，

---

1　1918 年美国总统威尔逊提出的结束第一次世界大战的纲领及战后世界的蓝图。为了对抗俄国十月革命和苏维埃政权的影响，为美国战后称霸创造条件，威尔逊于1918 年 1 月 8 日在国会发表演说，提出"十四点原则"作为"建立世界和平的纲领"。主要内容包括：签订公开和约，杜绝秘密外交；平时和战时海上航行绝对自由；取消一切经济壁垒，建立贸易平等条件；裁减军备到同国内安全相一致的最低点；公正处理殖民地问题，在决定一切有关主权问题时，应兼顾当地居民的利益和殖民政府之正当要求；外国军队撤出俄国，并保证俄国独立决定其政治发展和国家政策，欢迎它在自己选择的制度下，进入自由国家的社会；德军撤出比利时，并恢复其主权；德军撤出法国，阿尔萨斯-洛林归还法国；根据民族分布情况，调整意大利疆界；允许奥匈帝国境内各民族自治；罗马尼亚、塞尔维亚和门的内哥罗的领土予以恢复；承认奥斯曼帝国内的土耳其部分有稳固的主权，但土耳其统治的其他民族有在"自治"的基础上不受干扰的发展机会，达达尼尔海峡在国际保证下永远开放为自由航道；重建独立的拥有出海口的波兰，以国际条约保证其政治经济独立和领土完整；根据国家不分大小、相互保证政治独立和领土完整的特别盟约，设立国际联合机构。前 5 点为原则意见，后 9 点为具体建议。——译者注

遵循着宽宏大度和平等相待的原则，则德国恢复其原来的元气，所需时间只会更短，而且这样就会使得德国再次以更多的人口、更加优质的资源和技术而威胁到法国的局面加速到来。因此，寻求某种"保障"就是必要之举。而这种保障每加重一层，德国的愤慨之情就会加深一层，与之相应，德国人起而复仇的可能性就会加大一些，这样就更加有必要用条款来进一步进行压制。因此，只要所接纳的是这种世界观而抛弃其他的世界观，那么，那种将转瞬即逝的权利最大限度地强加于战败者身上的迦太基式的和平[1]，就终将难免。克里蒙梭对于"十四点计划"丝毫不为所动，也不佯作受其束缚之状，只不过有的时候为了顾全威尔逊总统的颜面，这才在必要的时候尽量让别人来居间调和。

因此，法国的政策是要让时光回溯到过去，竭尽所能地将1870年以来德国所取得的进步一笔勾销，利用减少其领土的办法以及其他的措施来减少德国的人口。但更主要的是德国的经济体系，这乃是它可以蓄积新的力量的全部凭借，因此，这个建立在钢铁、煤炭、运输之上的庞大网络必须予以摧灭。如果法国可以控制（哪怕只是部分地控制）德国被迫放弃的经济体系，那么，这两个力求在欧洲的霸权地位上一争短长的对手之间在力量上的不平衡局面，就将需要花费许多代人才能重新加以矫正。

由是观之，这些一层一层地不断加深的条款，其意图所在，乃是为了破坏高度组织化的经济生活；有关这些条款，我将在第四章详细地

---

1　所谓的迦太基式的和平，就是指强者强加在弱者身上的短暂的、不平等的和平。迦太基式的和平虽然在名字里有"和平"两个字，但是它根本上与真正的和平相去甚远。在人类的历史上这样的和平不胜枚举，从古代到现代，只要有人的地方就会有。虽然迦太基式的和平也可能带来长时间的和平，但是那种和平带来的从不会是平等、富裕，相反带来的是仇恨、贫困、犯罪甚至战争。——译者注

加以研究。

这是一个老人的政策，暮气沉沉。他带给我们最最鲜明的印象和最最丰富的想象力，都是关乎过去而不是未来的。他看问题的角度，是从德法两国的力量消长入手的，而非从人类的未来着眼，也并不虑及欧洲文明需要力图步入一个崭新的秩序这个层面。对于这场战争，他所秉持的观念与我们是不一样的，他既没有预期到，也不希望我们处在一个新时代的开端。

不过，我们所争议的并不仅仅是一个理想的问题。在本书中，我的意图所在，就是要说明这种迦太基式的和平，**实际上既不正确**，也不可能实现。虽然从中涌现出来的这派思想对于经济因素也是了然于心的，但是，他们忽略了更深一层的、将会支配未来的经济趋势。时光无法倒流。如果把中欧的境况恢复到 1870 年，那就必须要对欧洲的结构加以约束，如果放任人类和精神之力量越出国家与种族的界限，那么，将要摧毁的就不仅是你和你的那些"保障"，还将包括你的制度和社会现行的秩序。

这一政策是玩了个什么样的花招，而取代了"十四点计划"呢？威尔逊总统又因何会接受这样的结果呢？要想找出这些问题的答案，诚非易事，这既取决于性格和心理上的要素，也受制于环境的细微影响，而且，这些要素和影响通常很难被我们所觉察，也更加难以描摹出来。但是，如果说单个个体的行为攸关大局的话，那么，威尔逊总统所遭遇到的失败，就可以称得上是具有历史决定意义的道德事件，因此，我必须尝试着对它加以阐释。当威尔逊总统乘坐华盛顿号邮轮到达我们这里的时候，他在世界人民的心目和期盼当中占据着何等重要的位置啊！在我们取得胜利的最初阶段，他是来到欧洲的一个何等伟大之人！

1918 年的 11 月，福煦将军[1]的军队和威尔逊总统的言论，陡然将我们脱离开那曾欲吞噬掉我们所关心的一切的险境。形势一派大好，超出了所有人的预期。我们的胜利是如此彻底，以至于丝毫不必忧心于战后问题的处理。敌人已然放下了武器，人们相信，就和会的一般性质而言，双方会签署一份神圣的和约；这份和约的条款可以保证一个公正而又宽宏的安排，同时，人们还怀着一份重建被摧毁的幸福生活的美好期盼。威尔逊总统亲赴欧洲，来完成这最后的工作，也是实现这些希冀的切实保证。

威尔逊总统离开华盛顿之时，他所取得的声望以及遍及全世界的道德影响力，在历史上无人可与之比肩。他的那些经过深思熟虑的大胆言论，对欧洲人民的影响，大大超越了他们本国的政治领袖。敌国的人们也相信他会执行与他们签订下的契约；协约国的人民不只是把他看成是一位胜利者，甚至近乎把他奉为先知一般。除了这些道德上的影响力之外，各国之间的现实关系也在他的掌控之中。美国军队无论在数量、纪律，还是在装备上都处在领先的地位。欧洲的食物供应完全仰赖于美国，在财政上更是全仰美国的鼻息。欧洲不仅在所欠美国的债务上已经超出了它的偿付能力，而且在将来还需要美国进一步提供一系列的援助以使欧洲免于饥饿和破产之境。从古至今，还从来没有哪一位圣贤拥有着如此之多的能够让世间君王臣服的武器。当总统的马车驾临欧洲各国首都之时，如潮般的人群是何等的拥挤！人们满怀着好奇、焦虑和期待

---

1　即斐迪南·福煦（Ferdinand Foch，1851—1929 年），法国元帅，第一次世界大战最后几个月协约国军队总司令，是公认的协约国获胜的最主要的领导人之一，一战爆发后参加了多场战斗。在取得一系列胜利后被任命为北部集团军司令，并一直任职到罗伯特·内维尔接替约瑟夫·霞飞出任法军总司令，之后被调往法军总部。1918 年被任命为协约国最高司令。1918 年代表法国在贡比涅森林签订对德停战协定，后又在巴黎和会上发挥重要作用。生平有不少著作，曾提出胜利在于意志的观点，后来认识到军队新装备和机械化程度具有决定性作用，强调歼灭思想和集中优势兵力原则。著有《战争原理》《战争指南》等。——译者注

之心，纵然只是匆匆一瞥这位来自西方的命运主宰者的容貌与风仪，也已经心满意足；他乃是为了治愈美国文明和古老的欧洲母亲的伤口而来，并且要为我们建立未来的基础。

幻想破灭得如此之彻底，以至于连那些对和会充满信任的人，也不敢重提这段往事。这一切都是真的吗？他们问询那些刚从巴黎归来的人们。和约真的如此不堪吗？总统到底是怎么了？究竟是怎样的软弱和不幸，导致了如此惊人、如此意外的背叛呢？

然而，原因却是那么的普通，那样的符合一般的人性。威尔逊总统既非英雄再世，也不是一名先知，甚至他也称不上是一位哲人，他只不过是一个充满善意而又慷慨的人，其他的人类缺点在他身上也不例外。他缺乏一些关键的智识上的准备，而这些在应付和会上的那些阴险狡诈的演说家时则是必不可少的。这些人在权力和人性的巨大冲突中得以出人头地，在和会的短兵相接以及给予和索取迅速转换的游戏中脱颖而出，而对于这样的游戏，威尔逊总统压根儿没有任何的经验。

对于威尔逊总统，我们的确一直都怀有一种错误的看法。我们知道他是一个孤独和冷漠的人，也相信他拥有坚强的意志，并且是一个固执己见的人。我们不会认为他是那种注重细节的人，但是对于某些主要问题的认识，他还是了然于心的。我们认为，这一点与他的坚韧品格结合起来，足以廓清一切纷纭复杂的计谋。在这些品质之外，他还表现出客观的态度和翩翩的风度，知识如同学者一样渊博。他所提出的著名的"十四点计划"，显示出了高超的语言能力，似乎表明他是一个品行高洁、想象力丰富的人。他的肖像给人一种极有风度，且又总有一种居高临下气势的感觉。这一切，使得他在美国这个政治家艺术仍未被忽略的国度里威望日隆，最终登上了总统之位。以上所述的这些内容，已然足够我们应付眼前的需要，对于那不可能察知的真相，我们不必过于苛求。

24

近距离地观察总统先生，所带给我的第一印象消除了我的一部分幻觉，但并不是全部。他的头颅和容貌一如其照片中的样子，恰似经过精雕细刻一般，他脖颈上的肌肉和头部的骨骼也非常特别。但是，就像奥德修斯[1]一样，总统在安坐的时候，看起来更加地富有智慧；他的手虽然也可称得上强壮有力，但是在灵巧方面却有所不足。总统留给我的第一印象表明，不管他在其他方面如何，他的气质和一名学者是绝不相类的，而且他甚至也缺乏克里蒙梭先生和贝尔福先生[2]那一代人中那个阶层的人所具有的优雅和有教养的绅士风度。更加严重的是，对于周遭的环境，他不仅不太敏感，甚至可以说根本就没有任何敏感度可言。一旦面对的是像劳合·乔治先生那样从来不会犯任何的错误，像媒体从业者一般对周遭每一个人都极为敏感的对手时，威尔逊总统哪里还有一星半点的机会呢？英国首相用常人所不具备的六到七种感官来审视着同侪的一言一行，对他们的性格、动机和下意识的冲动进行着判断，从中洞察每一个人之所思所想，以及接下来他将要说些什么；再辅之以心灵上的感应，将意见或者吁求相杂糅，以最适地满足他周围听众的虚荣、嗜好和自利之心。一旦认识到这些，我们就会有这样的感觉：可怜的威尔逊总统在这次和会上简直就像一个盲人在玩捉迷藏的游戏一样。从来没有哪一个人会走进客厅，为了成就我们的首相而甘愿做一个冥冥中早已注定的这般完美的牺牲品。总而言之，旧世界充满着邪恶，旧世界的铁石之

---

1　奥德修斯，希腊神话传说中的人物。罗马神话传说中称其为尤利西斯或尤利克塞斯，是希腊西部伊塔卡岛之王，曾参加特洛伊战争，并献木马计。出征前参加希腊使团去见特洛伊国王普里阿摩斯，以求和平解决因帕里斯劫夺海伦而引起的争端，但未获结果。——译者注

2　即阿瑟·詹姆斯·贝尔福，第一代贝尔福伯爵（Arthur James Balfour, 1st Earl of Balfour, 1848—1930 年），英国首相中的哲学家，索尔兹伯里侯爵首相的外甥和政治继承人，被同僚称为即使生活在马基雅维利时代也能游刃有余的政治家。少年时代因爱人早逝而终身不婚，1902 年至 1905 年出任首相，任内其政府因关税改革议题而陷入分裂，但他却跳出了政党圈子，一战中任海军大臣和外交大臣。——译者注

心可以让最勇敢无畏的武士那最为锋利的宝剑利刃卷折。而这位既聋且哑的堂吉诃德先生[1]宛如走进了一个山洞，洞中到处都是刀光剑影，敌人手持长剑，寒光逼人。

那么，如果总统不是一位哲学王[2]一样的统治者，他到底又是一个什么样的人呢？毕竟，他一生中的大部分时间都是在大学中度过的。他绝不是一个商人，也不是一个普通的党派政治家，他是一个有力量、有品格、有身份的人。那么，他的气质到底是怎么样的呢？

一旦我们找到了线索，一切就一目了然了。总统恰似一个不尊奉英国国教[3]的基督教牧师，或者说是一位长老会成员[4]。他的思想与气质

---

1　《堂吉诃德》（也被译为《唐吉可德》）是西班牙作家塞万提斯于1605年和1615年分两部分出版的反骑士小说。故事发生时，骑士早已绝迹一个多世纪，但主角阿隆索·吉哈诺（堂吉诃德的原名）却因为沉迷于骑士小说，时常幻想自己是个中世纪骑士，进而自封为"堂·吉诃德·德·拉曼恰"（德·拉曼恰地区的守护者），拉着邻居桑丘·潘沙做自己的仆人，"行侠仗义"、游走天下，做出了种种与时代相悖、匪夷所思的行径，结果四处碰壁。但最终从梦幻中苏醒过来，回到家乡后死去。——译者注

2　古希腊哲学家柏拉图以社会分工理论为基础，把政治统治权完全交给少数哲学家，他把现实国家的改造和理想国家实现的希望，完全寄托于真正的哲学家能够掌握国家最高权力上。根据柏拉图设计的社会政治结构，哲学家垄断城邦全部政治权力，被置于等级结构的顶端，即哲学家为王（哲学王），其他各等级则完全被排斥在城邦权力体系之外。在柏拉图的政治哲学中，哲学王统治是实现柏拉图正义理想的关键，离开哲学王统治，正义的实现也就成了一句空话。在这里，凯恩斯显然是借用了柏拉图的这个理念。——译者注

3　即安立甘宗（英国国教，Anglicanism），常用名"安立甘教会"（盎格鲁教会，Anglican Church）或"主教制教会"（主教会，Episcopal Church），是基督教的新教三个原始宗派之一，也是带有盎格鲁-撒克逊人礼仪传统的宗徒继承教会。它在清朝传入中国，译作"圣公会"，取义神圣的天主教会（圣而公教会，Holy Catholic Church），约定俗成。——译者注

4　长老会即长老宗，也称归正宗。归正宗是新教主要宗派之一，以加尔文的宗教思想为依据，亦称加尔文宗，"归正"为经过改革复归正确之意。在英语国家里，该宗因其教政特点又称长老会。归正宗产生于十六世纪宗教改革时期，与安立甘宗和路德宗并称新教三大主流派别。——译者注

基本上是神学的，而不是理性的，他有着那一类人在思想、情感和表达方式上的一切优点和缺点。这类高尚的楷模，英格兰和苏格兰过去是曾有过的，但是现在已经不可复见，尽管如此，这样来对总统加以描述，还是可以使普通的英国人对他有一个鲜明的印象。

在我们的脑海中对威尔逊总统存了这样的印象之后，我们就可以回转到对事情的真正过程进行考察上来。在总统的演讲稿和文件当中，他对于世界的擘画，为我们展示了一种令人感到极为钦佩的精神和目标，即便是那些最为激进的支持者们，也只能选择在细节上做文章——他们认为，这些细节目前并不太适合放进演讲稿和备忘录当中去，建议等到将来有了更为合适时机的时候，再把它们放进去。和会伊始，大家普遍认为，总统在一大帮顾问的帮助之下，经过慎重考虑后必已有了一套全面的计划，不仅仅把国际联盟，而且还包括"十四点计划"的具体实施意见，都囊括在一个切实的和平条约中去了。然而，事实上的情况则是，总统什么都没有思考出来；当这一切开始实际运作起来的时候，他的思想尚且模糊不明而且也并不全面。在他的内心当中，他既无计划和方案，也没有什么建设性的意见，这就无法让他那从白宫发布的命令量体裁衣，符合现实的情况。他可以为各种现实问题发表布道似的演说，也可以向万能的主庄严地祈祷，希望一切愿望均能得到实现，但是，他就是不能够设计一套适合欧洲实际的具体可行的计划来。

他不仅在细节上提不出什么建议来，而且在很多方面也都是这样，这一点或许本是无可避免之事，毕竟他对欧洲的情况了解无多。而且，他还不只是消息不够灵通那么简单——这一点劳合·乔治也是一样的——关键是反应迟钝，缺乏随机应变的本领。在欧洲人眼里，总统的迟钝是颇令他们关注的事情。他无法在较短的时间之内就对他人的谈话有着充分的理解，不能一眼看穿形势，想出对策，给出相应的回应，遇事也常常不知变通。因此，仅从反应的敏捷、理解的快速以及思维的灵活方面来看，他就已经输给了劳合·乔治。几乎很少有一流的政治家在和会中表现得比总统还缺乏灵活应变的能力。只要你在表面上做出一丁点儿的让步，从而保全对方的颜面，或者你把自己的意见转换成一种对对方有利，同时对自己也没有什么实质性损害的方式来重新表述一遍，给对方以安慰，那么你就能获得切实的胜利，这样的时刻在和会上时时而见。但是，总统甚至连这类简单而常用的手段都不懂得使用。对于**任何**的其他选择，他的思考总是过于迟钝，而且也缺乏足智多谋的能力来从容应对。总统倒是很容易钻牛角尖，不肯轻易地做出让步，这一点在对待阜姆港[1]问题上表现得最有代表性。而且，他也没有什么其他防御工事可言，通常在他的对手看来，只需要事先运用一点点手段就不会把事情弄到无可挽回的地步，但是于总统，却往往无法做到这一点。他人的奉承以及表面上的抚慰，就会使总统先生放弃自己的主张，失去了坚持自己立场的时机，等到他明白过来自己被诱导而欲坚守自己立场的时候，一切已经是回天乏术了。当然，话又说回来，要在关系密切的同事之间进行的那些亲密而貌似友好的对话当中，在所有的时刻均坚持自己的立场，寸步不让，那也是不可能的。胜利只会属于这样的人：他于整盘局势能够时刻保持清醒的认识，正所谓不谋全局者，不足以谋一隅，他还懂得保存自己的实力，韬光养晦，俟机而发，能够在恰当的时机当机立断。而总统先生在应对这类情形的时候，则显得头脑过于迟钝和混乱了。

他没有通过向他的顾问团寻求集体智慧的帮助，从而来弥补他在这些方面的缺陷。他纠集了一帮能力超群的实业家到自己的身边，来起草

27

---

1 阜姆（Fiume），即"里耶卡"（Rijeka），克罗地亚第三大城市和主要海港城市里耶卡的旧称。——译者注

条约中那些与经济有关的条款。但是，这些实业家对于公共事务显然没有什么经验，而且他们也和威尔逊一样，对于欧洲的情况知之甚少（其中只有一两个人例外），唯有当总统需要具体建议的时候他们才会被召见，这种召见也没有什么规律可言。因此，华盛顿那给人印象深刻的超然态度被一直保持下来，这种超然的态度，再加上威尔逊总统那种异于寻常的矜持性格，使得任何一个在精神上追求平等，或者是希望能够持续地对总统施加影响的人，都会有一种被拒之于千里之外的感觉。他的那几个全权代表不过是他的傀儡而已，即便是最受信任的豪斯上校（Colonel House）[1]，也渐渐地不再受到重视，而隐入幕后去了。豪斯上校对于人类和欧洲的了解，较之于总统，实在要广博得多，总统的迟钝也因为有上校的敏感而得到许多改善。而之所以会出现这样的局面，皆是被威尔逊在四人会议中的同僚们怂恿所致。自从十人会议[2]破裂之后，由于总统自己的性格原因，他越发地显得孤立。因此，日复一日，周复一周，在极端艰难的境地之下，这本是他非常需要各类支援与支持的时候，而他却把自己封闭起来，在没有什么帮助和建议的情况下，选择独自与那些远比他精明的人士周旋。总统任由自己被他们所营造的氛围麻醉，将他们提供的计划和数据作为讨论问题的基础，被他们牵着鼻子，

---

1　即爱德华·曼德尔·豪斯（Edward Mandell House，1858—1938 年），美国外交家，伍德罗·威尔逊总统的智囊人物。曾任美国驻英、法、德等国的总统代表。帮助起草《凡尔赛和约》以及国际联盟盟约。后因和威尔逊意见相左，在《凡尔赛和约》问题上不欢而散。富兰克林·罗斯福任美国总统后，他再度成为罗斯福总统的智囊高参。——译者注

2　巴黎和会一切重大问题均先由五大国会议讨论决定。先有"十人会议"，由美国威尔逊和兰辛、英国劳合·乔治和贝尔福、法国克里孟梭和毕盛、意大利奥兰多和桑尼诺、日本西园寺公望和牧野伸显组成。"十人会议"为五大国"经常的正式会议"，和会期间共举行 60 多次。1919 年 3 月 26 日起，"十人会议"缩减为"四人会议"，即英、法、美、意四国首脑就和会中有关欧洲问题私下协商（4 月 23 日意首相奥兰多离会，由英、法、美三国首脑以"三人会议"形式控制局面）。——译者注

按照他们设计的路子走了下去。

　　这些缘由再加上其他各类原因，联合起来导致了下面这样的局面。　28
读者诸君一定要明白，虽然在短短几页之中我们寥寥数笔即已将这一过
程交代完毕，但是，整个发生过程则是缓慢、逐步而潜滋暗长出来的，
历时长达五个月之久。

　　由于总统并没有什么主见，所以会议基本上是以英、法两国的草案
作为基础进行讨论的。因此，若要使这一草案从根本上符合总统的想法
和目的，那么，他就得始终保持一种阻碍的、批评的、否定的态度才行。
如果人家对他的几点提议表现出了明显的宽宏态度（对于那些极为荒谬
的建议，一般总会有转圜的余地，而且也没有人认为它们重要），那么，
他就不得不投桃报李，对他们的提议也做出相应的妥协。妥协是无可避
免之事，要想在实质问题上寸步不让，实在是极为困难。此外，他很
快就被人指责站在德国人一边，而且把自己陷入公然"偏袒德国"的嫌
疑之中（对于这些指责，他倒是非常愚蠢和不幸地敏感起来了）。

　　在十人会议的最初几天里，他向大家展示了自己的原则和自信。之
后，威尔逊总统发现，就具体情况来看，他的那些法国、英国和意大利
同僚们的方案中有某些极为关键之点，使得他不可能使用秘密外交的办
法来保护那些投降之人。那么，对于最后的手段，他应该做些什么呢？
他可以毅然决然地固执己见，这样就能够无限期地延长会议。他也可以
中断会议，在任何协议也未曾达成的情况下愤然返回美国。又或者，他
可以越过会议的巨头们，尝试着直接向世界人民求助。这些都是可怜的
变通方法，它们中的每一个都会招致诸多批评。而且，这些做法同样是
非常冒险的，尤其是对于一位政治家来说。总统在国会选举中的政策失
利削弱了他在本国的地位，而美国的民众也定然不会毫无条件地支持他
那毫不妥协的立场。这就意味着一场争锋，在这场争锋之中，所欲讨论

29 的问题将会被各类人士与政党的意见所遮蔽。谁又敢说，在这场并非由其真正的价值所决定的争锋当中，正义就一定能够取得胜利呢？此外，与同僚们的任何公然决裂，都会使得所有协约国人民把那种一触即发的、盲目的"反德"激情加诸自己的头上。他们不会听从总统的主张。他们也不会有足够的冷静，把这种重要的问题视为国际道德或者是对欧洲的确当治理之一部分来对待。他们强烈的呼喊无非是说，总统出于险恶的用心和诸多自私的原因，想要"饶恕那帮德国鬼子"。法国和英国的媒体几乎是众口一词，这一点也不出乎我们的意料。因此，如果总统公然地退出和会，他可能会遭临彻底失败之虞。如果他失败了，那么，和他维护自己的声誉、在欧洲政治诸多限制条件所允许的情况下努力地将事情办好相比，前者难道不是远比后者要糟糕吗？但是，最为重要的是，如果他真的失败了，难道他不会失去国际联盟吗？难道说，对于世界的未来幸福而言，这不是最为重要的事情吗？随着时间的流逝，条约终会改变，态度也不再会那么强硬。如今看起来颇为重要的问题，将来或许也就不再重要。同样，现在看起来不可行的事情，将来未必就永远无法实现。而国联虽然在形式上并不是尽善尽美的，但却是长久存在下去的，它是治理这个世界的新原则的开端，国际关系中的真理和正义不可能在数月之间即可得到全面的维护——只有在国联缓慢的酝酿过程中，在适当的时候这才能得到实现。克里蒙梭非常聪明地让大家看到，只要能够取得合适的对价，他是愿意接受国际联盟的。

在他命运的紧急关头，总统是孤独的。他被旧世界的罗网给缠绕住了，在费力地拼爬，非常需要同情、道义上的支持和群众的热情。但是，总统却将自己深埋于会议当中，被巴黎那炎热和污浊的空气所窒息，完全听不到外面世界的回声，感受不到各国人民激情的脉动、同情和鼓励。总统感到，民众们欢迎他抵达欧洲时的热情已经全然消失，巴黎的

媒体开始公然地嘲讽他，他在国内政治上的对手利用他不在国内这样的
时机，制造着诸种对他不利的气氛，而英国对他则是冷漠而又充满着批
评，毫无同情之念。他对待随从人员的态度，使得他无从通过私人渠
道，获取来自公众的信任和热情；而公众的这种信任和热情的潮流也似
乎被压抑住了。他需要更多集体信仰的力量，但是却又得不到。德国人
造成的恐惧，依然弥漫在四周，即便是那些富有同情心的公众也还是非
常担心的。敌人是一定不能再去鼓励的了，朋友们需要支持，现在不是
纷争不止或者煽风点火的时候，我们必须相信总统已经尽其全力。而在
如此干燥的环境之下，总统的信仰之花已然凋落。

于是，这样的事情发生了：总统取消了下达给华盛顿号的命令，这
个命令是总统盛怒之下做出的。他要求华盛顿号随时待命，准备将他从
巴黎那充满着欺诈和背叛的大厅带回到他自己威严的宝座上，在那里，
他才会重新感到镇定自若。唉，可是，他一旦走上了妥协的道路，我们
在上面所指出来的总统的那些性格和能力方面的缺陷，就愈发地明显，
而颇具毁灭性了。他可以唱高调，他可以固执己见，他可以从西奈山或
者奥林波斯山[1]发布文告，他可以在白宫或者十人会议上一派高冷，给人

---

1 西奈山又叫摩西山（Mount Moses），位于西奈半岛中部，是基督教的圣山，基
督教的信徒们虔诚地称其为"神峰"（The Holy Peak）。奥林波斯山（Olympus，不宜译
成奥林匹斯，这一译名由于中译者音译了英语单词 Olympia 所致，在英语中 Olympia 是
独立于 Olymus 的地名专有名词，已失去其作形容词的作用，导致尾音和词形结构完全
改变。另外，按中古英语语法规律，在原有词干基础上加上后缀-n 构成的形容词不能被
理解为属格，而要考虑其在源语言的语法作用，也就是所谓的 Olympus' Gods。英语里
"u"是不可能发[i]这个音的。）坐落在希腊北部，近萨洛尼卡湾，是塞萨利区与马其
顿区的分水岭，其米蒂卡斯峰是希腊最高峰。为了与南面相邻的"下奥林波斯山"相区
别，又称"上奥林波斯山"，是由非洲大陆与欧亚大陆板块挤压而成。奥林波斯山是古
希腊成为欧洲文化发源地不可缺少的元素，是西方文明起源之地，也是希腊神话之源。
凯恩斯这里的意思似乎是说，威尔逊总统可以从极高的信仰立场上发言、起草文件，但
是这些都无法进入到现实的政治利益争夺之中。——译者注

以不可接近之感，这样并不会有什么问题，可以确保安然无事。但是，一旦走进四人会议之中，与他们亲密而平等地接触时，游戏不可避免地升格，他这样做也就必然会一败涂地。

现在的情况下，我指出的总统的那种神学或长老会式的气质秉性，开始变得危险起来。一旦断定，做出某些让步终将不可避免，他就应该利用他那坚定的立场和演说，运用美国的经济实力，来确保获得尽可能多的实际利益，即便在字面上做出一些牺牲也在所不惜。但是，总统自己无法弄明白这些暗含的意思，他太坚持原则了。现在，尽管妥协已然无可避免，他还是坚持着自己的原则，明确地完全受着"十四点计划"的约束，不肯越雷池半步。他不做不能赢得尊重的事情，不做不正直和不正确的事，不做违背他那伟大的政治信仰的事。如此一来，"十四点计划"虽然在文字上给人们的鼓舞并没有减少，但是它变成了旨在注释和阐述的文件，变成了所有有识之士自我欺骗的工具。我敢说，总统的先祖们曾经以这样一种方式来说服自己，对于他们应该做的事情，即认为必须与《摩西五经》(the Pentateuch) [1]的每一个音节都要一致才行。

现在，总统对待其同僚的态度已经发生改变：只要我可以让步的，我一定让步；我了解你的难处，你们提议的我也愿意赞成。但是，不正义、不正确的事情，我是不做的。你们必须首先向我表明，你们所要让我做的，确实符合我所遵守的誓言。然后，他们就开始运用浮词诡辩编织罗网，来最终文饰整个条约那伪善的文字和实质。他们制造出这样的诗句来蛊惑巴黎的人们：

---

1　《摩西五经》(希伯来圣经最初的五部经典：《创世记》《出埃及记》《利未记》《民数记》《申命记》)是犹太教经典中最重要的部分，同时它也是公元前六世纪以前唯一的一部希伯来法律汇编，并作为犹太国国家的法律规范。其主要思想是：神的创造、人的尊严与堕落、神的救赎、神的拣选、神的立约、神的律法。——译者注

> 美即丑恶丑即美，
>
> 翱翔毒雾妖云里。[1]

这帮最狡猾的诡辩家和最伪善的文件起草人大忙起来，创造出诸多颇具独创性的用法，哪怕是一个比总统聪明的人，也会被蒙骗好一阵子。[2]

因此，和约上不说，未经法国的允许，奥地利的德国人不得与德国联络（而这是与国民自主原则不相符合的）。构思巧妙的草案这样宣称："德国依照奥地利与各主要协约国及其盟国签订的条约之中所规定的国界，承认并极为尊重奥地利的独立地位。德国承认，除非经过国际联盟会议的同意，否则奥地利的独立地位是不可剥夺的。"两种说法听起来似乎有所不同，其实并无二致。但是，总统忘记了，条约的另外一部分是这样规定的：国际联盟会议关于这一类问题需要**全体一致**方才能够通过。

和约没有把但泽归于波兰，而是把它设为自由市，划归到波兰的关税边界以内，河流和铁路都由波兰政府管辖。条约规定："波兰政府应担负起但泽自由市的对外关系，以及向在境外的但泽居民提供外交保护的职责。"

条约上并没有说明德国的河流须归外国管辖，而是这样写道："无论是否必须转换船只，河流体系天然地为不止一个国家提供入海口。"

凡此事例，不胜枚举。法国政策最真实、最明白不过的意图，乃在于限制德国的人口，削弱它的经济组织。因为总统的缘故，这些条件都是饰以自由和国际平等之类令人敬畏的语词而被提出来的。

32

---

1 这是莎翁名剧《麦克白》第一幕第一场"荒原"中众女巫合唱的两句诗。这里采用的是人民文学出版社的《莎士比亚全集》朱生豪的译文。——译者注

2 这里如果直译就是：哪怕是一个比总统还要聪明之人，也会被蒙骗超过一个钟头。——译者注

但是，总统道德立场的瓦解以及其思想中的晦暗难明，可能最关键之处在于他让自己相信：协约国政府在抚恤金和别居津贴上的支出可以完全被视为"德国在海陆空各方面的侵略给协约国平民及其财产造成的全部损失"，某种意义上来说，战争中的其他费用不会以这种情况加以对待，这一点最终使他的顾问们备感沮丧。经过一番漫长的信仰上的挣扎，在拒绝了多种不同的观点之后，总统最终在这一诡辩家的艺术杰作面前屈服了。

工作终于完成了，总统的良心也没有受到什么谴责。不管怎么样，我都认为总统的性格会让他在离开巴黎的时候良心上没有任何的不安，很可能直到今天他还真诚地认为，条约上的内容与他先前的信仰切实地保持了一致。

但是，这件事做得实在过于完美了，以至于这幕戏剧注定会在最33 后出现一个悲剧般的插曲。德国代表布洛克道夫-伦卓（Brockdorff-Rantzau）[1] 自然地给出了这样的回应：德国之所以放下武器，乃是以一些特定的保证作为基础的，而现在条约在很多方面均与这些保证不相符合。不过，这是总统决计不会承认的。在经过一番痛苦的孤独沉思，并向上帝多次祷告之后，他认定自己之所为，无不是正义和正确的。如果要让总统承认，德国代表的回应有其道理在，这就会伤害到他的自尊，破坏他灵魂深处内在的平衡，总统那执拗的个性就会本能地生发出自我保护的意识来。使用医学心理学的术语来讲，如若这般跟总统言说——条约乃是您对自己信仰的背弃——那么，这就是在刺激他那弗洛伊德意义上的潜意识中的伤痛。这个问题是经受不住讨论的，而且所有潜意识

---

1　冯·布洛克道夫-伦卓（1869—1928 年），德国外交家，魏玛共和国第一任外交部部长，曾作为德国代表参加巴黎和会，并签署了《凡尔赛和约》，后来曾出任德国驻苏联大使。——译者注

的本能会联合起来阻止对它进一步深究。

正是由于这个缘故，克里蒙梭才能把几个月之前还被认为是非同一般、根本不可能、德国人就不应该听到的建议成功地予以通过。而只要总统不是那么地恪守良心定下的准则，只要他不把自己之所为隐藏起来，即便到了最后的时刻，他仍然可以恢复业已失去的地位，收复失地并卓有建树。但是总统就仿佛是被人给固定住了一般。他的手臂和腿脚被外科医生给绑缚住了，形成了一个固定的姿势，若要改变这一姿势，就一定得把手脚再次弄断才行。劳合·乔治先生到了和会的最后时刻，曾经希望采取有所和缓的政策，但是让他倍感惊诧的是，对于那些他在过去五个月之内告诉总统是公平的、正确的事情，他不能在五天之内让总统明白那些事情其实是错误的。总之，要使这位长老会老教友脱离迷惑，比迷惑他还要困难，因为前者将会伤害到他的自信心和自尊心。

所以，直到最后一幕，总统还是固执地坚守立场，拒绝调和。[1]     34

---

1 在朋友的建议之下，凯恩斯曾于本章末添加了一段关于劳合·乔治的内容。彼时，他对于这部分内容并不满意，所以在出版本书时就没有将其收入。十四年后，在《传记文集》中他才重新将该部分内容予以出版，如果读者对此有兴趣的话，可以在我翻译的《传记文集》中找到这部分文字。——译者注

# 第四章　条　约

我在第二章所表达的那些思想，过去从来没有浮现在巴黎人的脑海之中。欧洲未来的生活，他们并不在意；欧洲未来生活的方式，也不会成为困扰他们的焦虑之源。对于他们来说，所念念不忘的，无论好坏，均与国家之间的边界和民族的安危有关，与力量的平衡有关，与帝国力量的增强有关，与将来削弱一个强大而危险的敌手有关，与复仇有关，与战胜国把它们难以承受的财政负担转嫁给战败国有关。

关于世界的未来政治体系，有着两种相互拮抗的计划——威尔逊总统的"十四点计划"和克里蒙梭的迦太基式的和平。然而，这两种计划却只有一种能够得到实施。这是因为，敌人的投降并非完全没有条件，它是建立在对于和约一般性质的条款加以承认这一基础之上的。

然而，很不幸，有关人们对这一曾经发生过的事情之看法，我们无法一语带过，因为至少在许多英国人心目中，对于这个问题还存在着极大的误解。很多人以为，停战协定可以顺理成章地被看作协约国及其盟国与德国政府所缔结下的第一个和约，除了停战协定对我们可以形成约束之外，在和会上我们是完全自由的。然而，实际情况并不是这样。为了将形势表达得更加清楚，我们必须简要地回顾一下谈判的历程。这场谈判始于1918年10月5日德国发布的文告，以1918年12月5日威尔逊总统发布的文告而告终。

1918 年 10 月 5 日，德国政府向威尔逊总统递送了一份简短的通告，表示愿意接受"十四点计划"，并要求进行和平谈判。总统于 10 月 8 日给出答复，询问对方他是不是可以明确地将德国政府的通告理解为德国政府接受"十四点计划"以及他后续演说中的"约定条款"，"德国参加和谈，目的仅在于就条约实施的具体细节表达赞成之意"。他接着又加上了一条，停战的第一个条件就是要把军队从被侵略的领土上撤出去。10 月 12 日，德国政府回复称，对于这些问题他们将无条件地加以接受，"德国参加和谈，目的仅在于就条约实施的具体细节表达赞成之意"。10 月 14 日，在取得了这一肯定的答复之后，为了让这些各方关切的内容更加清楚明了，威尔逊总统进行了进一步深入的沟通：（1）停战的具体细节交由美国和协约国的军事顾问来决定，并且必须规定绝不允许德国有重启敌对状态的可能性；（2）假如要继续对话，则潜艇战事必须停止；（3）进一步要求，与总统所接洽之政府，须能够代表德国人民。10 月 20 日，德国接受了前面两点，并且指出，有关第三点，德国现在已经拥有基于国民议会而产生的宪法和政府。10 月 23 日，总统宣布"已经收到德国政府郑重而明确的保证，德国无条件承认 1918 年 1 月 8 日总统在美国国会演讲中所定的和议条件（即'十四点计划'）以及总统在之后的演讲中所阐明的和议原则，特别是 9 月 27 日的演讲，而且德国已经做好讨论实施细节的准备"。总统已经把相关事宜通知了各协约国政府，"内中附有他的一条提议，如果各协约国政府打算按照指定的条件和原则进行和议的话"，则它们应该请它们的军事顾问起草停战条款，该条款当具有如下性质："保证各同盟国政府在捍卫和实施德国政府已经接受的和议条款的细节方面具有自由之权力。"较之 10 月 14 日，总统在文件的末尾处进一步明确地暗示，德国皇帝应当退位。这就是和议的最初阶段，

35

36

在这个阶段，只有总统一人在唱独角戏，各协约国政府并未参与其中。

1918年11月5日，总统将他从其盟国政府所获得的答复转达给德国，并且声明福煦将军已经受命将停战协定正式传达给可完全予以信任的代表。协约国的政府们答复称："如果满足以下限制条件，表示愿意按照威尔逊总统在1918年1月8日向美国国会的演讲中所定的和平条款（即'十四点计划'）以及总统在之后的演讲中所阐明的和解原则，与德国政府进行和议。"限制条件关涉的是以下两个方面的问题。第一，关于海洋自由问题，有关此点"他们为自己保留了完全的自由"。第二，关于赔偿问题，原文如下："此外，1918年1月8日总统在美国国会所做的演讲中规定的和平条款宣称，所有被侵占领土均须归还，军队必须完全撤离，俾其自由。协约国政府认为此项条款所隐含的意思不言自明，无可置疑。根据这一条款，德国在海陆空各方面的侵略给协约国平民及其财产造成的全部损失，德国必须予以赔偿。"[1]

就这次文件的交换而言，德国与协约国之间所达成的和约之性质，至为简明，当无异议。和约的条款是与总统的演讲相一致的，和会的目的是"讨论实施的细节问题"。和约签订的环境极为庄严并且具有约束性，其中的一个条件就是德国应同意那些令其陷入孤立境地的停战条款。德国自身须无条件地信守和约，协约国的道义所在即是要严格履行它们在和约中的职责，即便和约中存在着一些不够明确的地方，协约国也不能携其战胜国的优势地位而加以利用。

那么，条约之中对协约国起到约束作用的实质内容究竟又是什么呢？查考往来的文件即可发现，尽管演讲的大部分内容都是关于精神、目的和意图，而没有涉及具体的解决方案，并且许多应在和约中予以解

---

1 有关这一保留条款确切的效力，留待第五章再详加讨论。

决的问题也没有被触及，但还是有一些问题已经是被确然解决了的。协约国方面确实在一个很宽广的范围内拥有着自由的空间。进一步说，在条约的基础上，要想对这些关于精神、目的、意图的段落加以运用，是颇为困难的；这些段落是否有欺骗或者伪善在上演，每个人都会有自己的清晰判断。但是，我们在下文中将会看到，条约对于若干重要议题，还是非常明确的。

除了1918年1月18日的"十四点计划"之外，构成条约之内容的总统演讲，还有四个部分：2月11日，总统在国会前的演讲；4月6日，在巴尔的摩的演讲；7月4日，在弗农山庄[1]的演讲；9月27日，在纽约的演讲。最后的这次演讲，条约中还特别提到过。为了避免重复，我斗胆从这些演讲中将那些与对德条约有关的实质性条款择取出来。我所删略的部分，不但不会对我所引用的有所减损，相反，还可以为其增色不少；因为它们主要是与意图有关，可能会显得过于含混和笼统，以至于不能把它们解释为具有契约性质的条款。[2]

"**十四点计划**"——（3）"尽可能地消除各类经济上的障碍，在**所有热爱和平并且愿意维护和平的国家之间确立平等的贸易条件**。"（4）"**各国要给予其他国家充分的保证并从其他国家获得充分的保证**，这样，各国的武器装备将可以在保证国内安全的前提下减少到最低水平。"（5）考虑到人民的相关利益，"对于殖民地权利要求上的调整，要做到自由、开放以及绝对的公平"。（6）、（7）、（8）和（11）都是关于从被侵占地区 38

---

1  弗农山庄（Mount Vernon）是美国第一任总统乔治·华盛顿的故居，位于美国弗吉尼亚州北部的费尔法克斯县，乔治·华盛顿从22岁直到1799年逝世，都居住在弗农山庄，长达45年。——译者注

2  我略去了与对德协议没有特别关系的内容。"十四点计划"中的第二点，是关于海洋自由的，由于协约国并没有接受，所以我也将它删去了。所有着重部分均为我所标出。

撤兵以及这些地区的"重建"问题，其中尤其针对比利时。除此之外，还要加上协约国的附加条件，对于德国在海陆空方面的侵略给协约国平民及其财产造成的全部损失，德国必须予以赔偿（完全引用上文）。(8) 纠正"1871 年普鲁士在阿尔萨斯-洛林问题上对法国犯下的错误举动"。(13) 波兰独立，其中"凡是可以毫无争议地确认为波兰人民居住的领土皆归入其版图"，并"确保波兰拥有一个自由而安全的入海口"。(14) 国际联盟。

**2 月 11 日在国会前的演讲——**"不得再有并吞，贡奉，惩罚性赔偿……自决不应只是一句空话。这是一条具有强制性的行为原则，政治家如不依此原则行事，则只能是自求速祸……此次战争中每一个领土争端的解决，均须从该地区人们的利益出发进行考虑，而不是仅仅出于对抗状态的各国之间相互协调或妥协的一部分而考虑。"

**9 月 27 日在纽约的演讲——** (1)"我们须绝对公正地对待每一个人，无论此人是否为我们所愿意公正对待之人，我们均不得对之有任何歧视。"(2)"若与整体的公共利益不相符合，则任何一个国家或者若干国家所组成之群体的特殊或单独利益都不能成为任何解决方案的基础。"(3)"在国际联盟这个共同的大家庭里，不能有任何其他的同盟、联盟以及特殊的契约和谅解备忘录。"(4)"作为一种纪律和控制的手段，国际联盟有实施经济惩罚以把某国排除于世界市场之外的权力，除此之外，联盟内部不能有特殊的、私下的经济上的联合，并且不能实行任何形式的经济抵制和排外行为。"(5)"任何形式的国际协定和条约必须将其全文通告于世界上其余之国家。"

这一为整个世界所做的明智而宽宏的计划，于 1918 年 12 月 5 日获得通过，这一计划超越了理想和抱负的范畴，一变而为世界上所有超级大国都签字同意的、庄严的条约之一部分。然而，这个计划却在巴黎这

39

个沼泽地中迷失了——连同它所有的精神也被遗失殆尽，其中的文字一部分被忽略，剩余的部分则被横加曲解。

德国人当时是基于这样的理解，才同意放下武器的，他们对条约草案的观察，基本上是将在这一理解下的条款，与之后要求其签字的文件上的实际条款进行比较的。德国的评论人士可以很容易地证明，条约草案对于协定和国际道德构成的破坏，堪与当年德国入侵比利时相比肩[1]。但是，他们选择答复的时机颇不合宜，因为虽然他们答复中的大部分都是合乎公平的要求，而且也很重要，但是稍微欠缺一点宽容的态度和高尚的眼光，缺乏一种谋之于整体的大局观。此事件背后激情汹涌，他们本应该持着冷静而客观的态度来对待失望，但是，在答复中却没有表现出这样的态度来。总之，协约国政府对于德国的评论没有认真地加以理会，我怀疑，即便德国在和会进行的过程中能够提出什么异议，也丝毫不会改变最后的结果。

各个国家的发言人，常常缺乏作为个人所当具有的最为普通的美德；这也可以证明，政治家代表的并不是他自己，而是他的国家，所以，他有这种复仇之心、背弃之念和自负之情，本也无可厚非——这在历史上屡见不鲜。在战胜国强加给战败国的条约里，这种德性司空见惯。但是，德国的代表却未能卓有成效地用那热烈的预言性话语来揭露这份和约与历史上发生过的所有那些事件的区别所在，就是这份条约所具有的伪善性！

---

1　"萨拉热窝事件"之后，奥匈帝国在德国的支持下，决定乘机吞并塞尔维亚，俄、法两国支持塞尔维亚，英国暗中支持俄、法。沙俄为支持塞尔维亚，宣布在俄国全境实行总动员，引起德国抗议。1914 年 8 月 1 日，德国以沙俄拒绝停止总动员为借口向其宣战，并入侵中立国比利时。4 日，英国以德国入侵比利时中立国为理由对德宣战，正式拉开了第一次世界大战的序幕。——译者注

不过，这个话题还是留待他人去写吧。在这里，我主要关心的尚且不是和约的公正问题——既不关心惩罚敌人是否公正，也不关心和约规定的战胜国责任的公正性——而是关注和约体现出的智慧，以及它所带40来的后果。

因此，在本章我打算重点陈述条约中的重要经济条款，关于赔偿条款和德国是否具有满足要求的赔偿能力之评论，关于赔款的部分我们留待第五章再做讨论。

德国的经济体系在战前之所以能够存在，主要依靠以下三大要素：I. 以其商业船只、殖民地、对外投资、出口、海外的商业联系为代表的对外贸易，II. 对煤炭和铁矿的开采以及以此为基础的工业，III. 德国的运输和关税体系。其中第一个要素虽然并不是不重要，但却一定是最容易被破坏的。条约的目的是要系统化地摧毁所有以上三点，但主要是前两者。

## I.

（1）德国已经将所有总重超过 1 600 吨的商业船只、总重在 1 000—1 600 吨之间的船只的一半、拖网渔船和其他类型船只的四分之一移交给了协约国。[1]让步的范围非常之广，这不仅包括悬挂德国国旗的船只，而且还包括属于德国人所有的、但是悬挂着其他国家国旗的船只，还在建造中的和已经浮在海上的船只。[2]此外，一旦有其必要，在五年之内，德国必须保证为协约国建造它们指定型号的船只，每年总吨位可以达到 20 万吨，[3]

---

1　条约卷八附件三第 1 款。

2　条约卷八附件三第 3 款。

3　德国在战争之前几年，除战船之外，平均每年造船吨位数大概是 35 万吨。

这些船只的价值将可以冲抵德国承担的赔款。[1]

因此，德国的商船被清除出了海上商业的竞争，在很多年内都无法恢复到能够满足其国内商业需求的规模。目前，已经没有海上航线经过汉堡港了，除非有哪一个国家在航运吨位过剩的情况下，认为建立一条通往汉堡港的航线是值得的。德国不得不为自己国家的商业运输而向外国人支付费用，费用的多少由对方决定，而且只有在对方认为方便的情况下才能获得如此的便利。德国要想恢复其港口和商业上的荣盛，只有将斯堪的纳维亚和荷兰的商业船只纳入自己的有效影响之下，似乎才有可能。

(2) 德国须将"其在海外殖民地上的所有权利和权益"一概交予协约国。[2]这种让与不仅包括主权，有关德国政府财产的条款规定得也极为苛刻——包括铁路在内的所有财产统统要无偿地交给协约国。而另一方面，德国对于购买以及建造这些财产或者为殖民地的发展而背负的债务，却依然需要负责任。[3]

与近代历史中相类似的绝大部分割让问题中通行的惯例不同的是，尽管德国国民的生命与私人财产得到的待遇与德国政府的财产有别，但还是受到了极不公正的影响。协约国政府在德国的前殖民地行使权力，"可以就德国人遣送回国问题，或者在何种条件下具有欧洲血统的德国人准予或不准其获得居留权、拥有财产、贸易、从事某种职业这类问题，制定他们认为适宜的政策"。[4]所有公共工程的建设和开发中有利于德国国民的契约与合同，均划归协约国所有，作为赔款的部分支付之用。

41

---

1  条约卷八附件三第 5 款。

2  第 119 款。

3  第 120 款和第 257 款。

4  第 122 款。

但是，这些条款若与下面这一更加宽泛的规定比较起来，反倒显得不那么重要了："在当前的条约施及于德国国民，开始生效时，协约国及其盟国保留在德国前殖民地上扣留或清算属于德国人或德国人所拥有的公司名下的**全部**财产、权益和利益之权利。"[1] 这样的一种对私人财产的大规模征用，是可以在协约国无须对被征用的个人支付任何补偿的情况下即可做出的。从中得到的收益，首先将会被用于支付德国对协约国的私人债务，其次将用于支付奥地利、匈牙利、保加利亚或土耳其的应付款项。所剩下的余额，既可以由清算国直接交给德国，也可以由它们自己加以留存。如果要自己留存，则这部分收入必须交给赔款委员会，以作为德国预先支付的赔款。[2]

总而言之，不仅德国在其所有海外的前殖民地上的主权和影响要被清除，而且在德国前殖民地上居住或者拥有财产的德国国民，他们的人身以及财产的法律地位和法律上的安全也要被剥夺。

(3) 上述有关在德国前殖民地上德国国民私人财产的规定，同样适用于在阿尔萨斯-洛林地区的德国人的私人财产，除非法国政府同意选择其他的处理态度。[3] 这一征用较之于类似的海外征用，其实际上的重要性要大得多。之所以这么说，乃是因为自 1871 年以来，这两个省份的煤炭业得到了巨大发展，故而对这两个省的征用所涉及的财产价值也就会更为巨大，而且，德国在这两个地区的经济利益与其国内经济利益的联系也更加地紧密。阿尔萨斯-洛林划归于德意志帝国，俨然已近半个世纪——其人口中相当大一部分都已改说德语——此外，它也已经成为

---

1　第 121 款和第 297 款（b）。是否行使征用权，并不取决于赔款委员会，而是取决于其领土和财产被置于割让和委任管理权境地的具体国家。

2　第 297 款（h）和卷 X 第 IV 篇附件的第 4 段。

3　第 53 款和第 74 款。

德国一些最为重要的经济企业活跃的舞台。尽管如此，居住在那里或者在那些省份的产业上投资的德国人的财产，现在则已经完全处于法国政府的管控之下，而且没有任何补偿，除非德国政府自己愿意承担起这笔补偿费用。法国政府被授予无偿征用居住在阿尔萨斯-洛林地区的德国公民的私人财产和设立在阿尔萨斯-洛林的德国公司的财产之权利，从中得到的收益被认为可以部分地满足法国的各种各样的要求。除非法国政府特别允许德国国民继续留居，从而使得在这种情况下上述条款不再适用时，这一条款的苛刻性才能得到某种程度的降低。另一方面，政府、国家和市政财产皆须无条件地让与法国。其中包括两省的铁路系统，以及所辖的全部车辆。[1]但是，财产虽被接管，相关的债务却未被移交，这是因为所有涉及的以公共形式为表现的债务，仍由德国承担。[2]阿尔萨斯-洛林两省不需要负担德国在战争期间或者战前债务中的固定比例，主权自由回归法国，德国并不会因为将这两个省份交付给法国而获得赔款数额的抵减。

(4) 没收德国人的财产这样的做法，并不仅限制在德国前殖民地以及阿尔萨斯-洛林两省。尽管这种处理财产的方式是条约之中极为重要且具有实质意义的一部分，而且也是凡尔赛会议上德国代表异常激烈地加以反对的对象，但是，却始终没有得到应有的重视。据我所知，在近代历史中，尚且没有哪一个和平条约是这样来处理私人财产的，所以，德国代表坚持认为，现在开这样的先例对任何地区的私人财产安全都不

43

---

1　1871 年，德国曾就阿尔萨斯-洛林地区的铁路系统向法国进行了补偿，但是其中国家财产的部分则是没有做出补偿的。不过，在当时，铁路属于私人财产。之后，德国在将铁路收归德国政府所有时，在铁路系统上投入了大笔资金，尽管是这样，法国仍然坚持按照处置国家财产的先例来加以处理。

2　第 55 款和第 255 款。这一做法是遵循 1871 年的先例。

啻是一个危险且不道德的重大打击。这种说法有些夸张，风俗和习惯证明，两个世纪以来，国家和个人在财产和权利方面的显著区别，乃是人为规定的结果，这一区别在和平条约以及其他因素的影响之下已经被迅速消弭。而且，这与现代社会主义者对于国家和国民之间关系的观念也是不相符合的。然而，饶是如此，和约对于一直以来所详加阐释的根植于所谓众多国际法之中的观念，仍然构成了一次毁灭性的打击，这一点也是不争的事实。

关于收没德国境外的德国私人财产，目前所确定下来的主要条款，发生作用时会产生重叠，在有些情况下，这些更为严厉的条款似乎已然使得其他条款显得多余而没有必要。然而，一般而言，这些更为严厉且应用又极广泛的条款，在设计上并不如那些更加特殊和具有限制性的条款那般精细、切实。这些规定如下：

(a) 协约国"保留在其国境、殖民地、属国、保护国以及德国移交给它们的领土范围之内，在条约生效之时，对属于德国人以及德国人所拥有公司的所有财产、权利和收益予以扣留与清算之权利"。[1]

这是我们在殖民地以及阿尔萨斯-洛林问题上已经讨论过的条款的扩展版本。财产价值的清算所得，将首先用于支付德国对清算这些财产的协约国国民所欠下的私人债务，其次将用于支付协约国针对德国前盟国的行为所提出的赔款要求。所有的余额，只要清算国政府决定留存的，即须用以冲抵赔款。[2]不过，这里有一点非常重要，那就是，清算国政府并非一定要把余额交给赔款委员会，如果它愿意，它可以直接将收益交给德国。这样一来，如果美国愿意，无论赔款委员

---

1　第 27 款（b）。

2　卷 X，第 III 篇和第 IV 篇以及第 243 款。

会的意见如何，它都可以利用手中所管理的大笔德国财产而为德国提 45
供物资。

通过清算事务所（clearing house）的方式来相互解决敌方债务的方案，是这些条款的源头所在。在这一提案之下，每个参战国的政府有责任征收本国国民对外国国民所欠下的**私人债务**（这一常规的征收过程因为战争的缘故而曾暂时被中断），根据这种方式，同时也可以取得本国国民对其他国家国民的**债权**，然后按照各国的债权债务关系来分配所征收得来的资金，所有国家的债权债务余额都以现金来支付，通过这种方式，希望可以减少纠纷和诉讼。这样一种方案，原本可以完全是双边互惠的。而在当前的方案中只有部分可以做到双边互惠，这种互惠性基本上只体现在商业债务这一部分。但是，由于协约国大获全胜，所以，它们可以引入只对它们自身有利而背离互惠性的各种办法，这些办法中最主要的一些列举如下：根据条约的规定，协约国国民在德国管辖范围内的财产所有权须归还给协约国，但德国人在协约国管辖范围内的财产由协约国按上述规定扣留和清算。这样造成的结果是：第一，在世界上的大部分地区，德国人所有的财产都要被征没，在协约国境内由公共信托人和与之类似的人员监管的巨额财产，可能会被永久扣留。第二，德国的这类财产不仅将被用于支付德国人的债务，而且如果有需要，这些财产也将用于"支付协约国及其盟国的人民关于他们在其他敌对国家的财产、权利和权益所提出的索赔请求"，比如土耳其、保加利亚和奥地利这些国家。[1]这是一个非常值得关注的条款，它当然不具有互惠性。第三，任何归属于德国私人账户的最终余额并不需要归还，而是可以用于支付 46

---

1 对引号内语句的解释有些含糊其词。内容显得很宽泛，似乎私人债务也包括在内。但是在最终的条约草案里，私人债务并没有被明确地提及。

德国政府负担的各类赔款。[1]契约、权益和信息的交付，保证了这些条款的有效施行。[2]第四，所有协约国国民与德国国民之间在战前所签订的契约，前者可以自由选择是让契约废止还是重新生效，这样一来，所有对德国一方有利的契约都会被废止，而另外一方面，德国却要被迫去履行那些对它不利的契约。

(b) 到目前为止，我们一直讨论的是协约国境内的德国人财产问题。接下来的这个条款意在去除德国人在其邻国、前盟国以及其他一些国家境内的权益。财政条款的第 260 款规定，在条约生效的一年之内，赔款委员会可以要求德国政府征没其国民的财产并将其转交给赔款委员会，"在俄国、中国、土耳其、奥地利、匈牙利、保加利亚或者其他国家的占领地或附属地内，或者在曾经属于德国或其盟国所有的领土上，德国国民在任何公用事业或附属权利中拥有的所有权利及收益，[3]根据条约，均须由德国或其前盟国转交给其他国家或托管机构进行管理。"这一描述是综合性的，与上述 (a) 中的内容有一部分是重复的，但是应当注意，(b) 中包括由俄国、奥匈帝国和土耳其帝国分割出来的新的国家和地区。这样一来，德国在这些国家的影响力就被清除了，它在所有邻国的资本也被全部没收了，而这些国家正是德国为寻求未来的生计，为它的能源、企业和科技寻找出路的所在。

47

---

1 对于在波兰和其他新成立的国家中的德国财产，这一条款的规定就没有那么严格了，在这些国家和地区里，清算所得的款项直接归还给业主（第 92 款）。

2 卷 **X**，第 **IV** 篇，附件第 10 段："从和约生效之日起，德国须在六个月内向每一个协约国及其盟国交付德国国民在协约国及其盟国境内所拥有的有价证券、授权证书、契约或其他权利文件以及相关财产、权利和收益……应任何协约国及其盟国的要求，德国必须随时提供相关信息，如德国公民在协约国及其盟国境内所拥有的财产、权利和权益以及 1914 年 7 月 1 日以来与这些财产、权利和权益相关的交易。"

3 "在任何公用事业或附属权利中"是一个模糊的用语，对它精确的解释并没有给出。

逐项地实施这一计划，给赔款委员会增添了一项特殊的事务，因为在被战争、分裂以及布尔什维克所侵扰过的秩序紊乱的广袤领土之上，赔款委员会将要管理着那里大量的权利和利益。在战胜国之间分配战利品，须成立一个强大的政府机构来进行管理，它的门槛会被那二三十个贪婪的冒险家和猜忌的特权狩猎者给弄得拥挤不堪，一派脏乱。

为了避免赔款委员会因为疏忽而没能充分地行使权利，所以又进一步规定，德国政府应当在本条约实施后六个月内，将所有此类权利和权益列出一份清单来交给赔款委员会，"无论这些权利和权益是否得到批准，或者需相机而定，又或尚未发生。"在这段时间内，所有未通告赔款委员会的权利和权益都将自动归协约国所有。[1]这种性质的法令，对于那些其人身以及财产不在德国管辖范围内的德国国民，将会发生多少效力，尚未可知。但是，所有列入上述清单的国家，无论是被迫接受这类侵吞条款，还是通过其他渠道，都受到了协约国政府的压迫。

(c) 还有第三项规定，较之于前述两项，这一项更加彻底，因为前述两项并没有影响到德国在中立国的权益。赔款委员会得到授权，要求德国在 1921 年 5 月 1 日之前，按照赔款委员会规定的摊付数目及方式，"无论是以黄金、商品、船舶、有价证券还是其他物品"，缴付高达 10 亿美元的赔款。[2]这一条款赋予了赔款委员会在这一期间随意处置所有德国人财产的权利。根据这一条款，赔款委员会可以征用德国境内或境外特定的商行、企业或者财产，而且它们的权利并不仅仅局限在条约签订时已经存在的财产上，还包括在接下来的十八个月内可能生产或取得的财产。例如，它们可以提出——假如它们一旦成立就一定会这么做——挑选

48

---

1　第 260 款。

2　第 235 款。

在南美洲德国最优秀、最具实力的海外电器会社（D.U.E.G.），按照协约国的利益来对它进行处置。这一条款极端明确，而又无所不包。值得注意的是，这是一种全新的赔款征收原则。迄今为止，所有的赔款数额皆是固定的，被处罚的国家可以自由地设计和选择赔款支付方式。但是，现在的情况是，收款一方（在一定时期之内）不仅可以要求一定的数额，而且还可以任意地指定作为赔偿的财产是哪些。所以，赔款委员会的权利不仅使其可以索赔，而且还可以被用来摧毁德国的商业和经济组织，有关于此，我在下一章还要特别加以讨论。

(a)、(b)、(c) 这些条款（以及其他一些我认为较不重要，不值得详加阐述的条款）累积起来的效果，就是按照条约中规定的那样，对德国境外的所有财产横加抢掠（或者是赋予协约国以更大的权利来任意地对它进行抢掠——这一抢掠行为至今也没有结束）。不仅德国的海外投资被没收，德国与海外的联系遭到断绝，而且德国在它的前盟国以及与其接壤的邻国境内的财产，也同样悉数要被没收。

(5) 由于担心以上规定仍有考虑不到的地方，所以条约当中另外又加上了几条，与原来的条约相比，这几条实际上并没有增加什么太多的内容，但是值得一提的是，这彰显了战胜国意欲竭尽全力钳制战败国的经济之企图。

首先增加的是关于边界和权利让与的一般性条款："在本条约规定的德国在欧洲的边界以外，所有属于德国或其盟国的领土，或属于该领土的一切权利、权益和特权，以及此外它以任何方式取得的对协约国及其盟国不利的权利、权益和特权……（均予没收）。"[1]

接下来还有一些更加特殊的规定。德国放弃其在中国所取得的全部

---

[1] 第118款。

利益和权利。[1] 对于暹罗[2]、利比里亚[3]、摩洛哥[4]和埃及[5]，也有一些类似的条款在。在埃及，德国不仅失去了特权，而且根据第 150 款的规定，连普通的自由也被褫夺，埃及政府被授权"完全自由地界定在埃及的德国人之地位及生存条件"。

根据第 258 款的规定，德国放弃了参加"在任何协约国及其盟国或者奥地利、匈牙利、保加利亚、土耳其，或者它们的属地，或者前俄罗斯帝国运转的"任何国际性金融或经济组织的权利。

总的说来，只有那些对协约国有利的战前条约与惯例可以再次生效，那些对德国有利的条约则一律无效。[6]

这几条规定，较之前述我所提及的那几条来，很显然是无足轻重的。它们只是在逻辑上完全剥夺了德国人的公民权利，使德国经济服从 50 于协约国的利益，但是在实质上并没有给德国增加什么有效的钳制。

## II.

有关煤炭和钢铁的条款，对德国国内工业经济所产生的最终影响后果，比起那些带来直接金钱损失的条款，还要重要一些。德意志帝国实在并非靠着铁和血，而更多地是建立在煤炭和钢铁的基础之上。仅凭

---

1　第 129 款和第 132 款。

2　第 135—137 款。（暹罗是泰国的旧称。——译者注）

3　第 135—140 款。

4　第 141 款："德国放弃于 1906 年 4 月 7 日签订的阿尔赫西拉斯公约，以及于 1909 年 2 月 9 日和 1911 年 11 月 4 日签订的法德公约所赋予的一切权利、权益和特权。"

5　第 148 款："所有由德国与埃及签订的条约、协议、合同和契约自 1914 年 8 月 4 日起被一概废除。"第 153 款："所有德意志帝国在埃及的财产和领地须全部无条件移交埃及政府。"

6　第 289 款。

鲁尔、上西里西亚和萨尔河这些大煤田的娴熟开发，即可以支持德国成为欧洲大陆第一工业国所需要的钢铁、化学和电气工业的发展。有三分之一的德国人居住在人口数超过 2 万的城镇之中，这是只有以煤炭和钢铁作为基础才有可能实现的工业集中。因此，法国政治家把打击德国的煤炭供给作为其目标，并没有选错方向。这一条约的要求真是极端过分，并且在技术上也是不可行的，所造成的这一局面或许只有在长远的将来才能得到挽救。

(1) 条约从以下四个方面打击了德国的煤炭供给：

(i)"德国将整个萨尔河流域煤矿的绝对所有权和专属开采权无偿割让给法国，而法国享有免除一切债务负担之权利，以此作为对法国北部煤矿损坏的赔偿以及德国应当支付的战争损害赔偿的一部分。"[1]虽然这一地区在未来 15 年内将由国际联盟管理，但是我们可以观察到，该地区的煤矿已经完全割让给了法国。15 年之后，该地区的居民将以投票的方式来决定其将来的主权归属。如果投票结果是并入德国，则德国须以一定的价格用黄金赎回这些煤矿。[2]

对萨尔区的这般处理，纯粹是掠夺和伪善的行径，这一点举世皆所公认。就赔偿法国煤矿的损失而言，正如我们稍后即将看到的那样，在条约的其他地方已然做出了规定。"在德国，没有哪个工业地区像萨尔区的居民那样，居住时间那么久远，文化上那么同质，品性上那么纯良的了。"德国代表的这一说法，无人可以反驳。1918 年，在超过 65 万的居民中，只有不到 100 个法国人。萨尔区归属于德国的历史已经超过 1 000 年。法国也曾通过军事行动将萨尔区暂时地据为己有，但是随着和议的

---

1　第 45 款。

2　卷 IV 第 IV 篇附件第 III 章。

到来，总是在很短的时间之后即归还给了德国。在长达 1 048 年的漫长时期里，法国统治该地区的时间加起来还不到 68 年。1814 年，在巴黎签订第一次条约的时候，其中有一小部分领土划给了法国，然而，当地居民们的反抗极为强烈，要求"与他们的祖国德国重新合并"，因为他们与德国在"语言、风俗和宗教上都息息相关"。1815 年，在法国占据该地区一年零三个月之后，在巴黎签订的第二个条约考虑了这一要求。从此之后，这一地区一直依附于德国，其经济的发展也要归因于这种联系。

法国希望得到煤炭，意在支持洛林的铁矿，根据俾斯麦的精神[1]，他们已经达到了目的。并非按照先例不应该给法国，实在是因为根据协约国口头的承诺，法国不应该这样做。[2]

52

(ii) 上西里西亚并没有什么大的城市，不过是拥有德国最主要的一块煤田罢了，它的硬煤产量占德国硬煤总产量的 23%。根据公民投票这一方式，[3] 该地区被割让给了波兰，而在历史上，上西里西亚从来都不是

---

1　俾斯麦人称"铁血宰相"，"铁"指武器，"血"指战争。所谓俾斯麦的精神，即是指这种"铁血"精神。——译者注

2　"我们取得了萨尔区煤田的所有权，为了避免在开采过程中出现什么麻烦，我们将制定法律给予居住在此地的 60 万德国人很少的土地所有权，在 15 年之内，我们将尽力通过公民投票的方式使他们宣称自己情愿成为法国人。我们知道这意味着什么。在这 15 年里，我们会持续地对他们做工作，在每一点上都不放过对他们的潜移默化，直至他们发自内心地承认和接受我们。与他们从我们手中抢走阿尔萨斯和洛林地区的**野蛮方式**相比，这显然是一个较为缓和的过程。但是，如果不那么野蛮，就会显得有些虚伪。我们心知肚明，这是一种试图吞并这 60 万德国人的尝试。我们也都很清楚，那些使克里蒙梭希望将萨尔区煤田交给我们的经济上的原因到底是什么，可是，难道我们一定要假装欺骗这 60 万德国人才能在 15 年的时间里将他们变成法国人吗？"（M.Hervé in *La Victoire*，1919 年 5 月 31 日）

3　在协约国的最终文件中，这一次公民投票是德国所做出的最重要的让步，在德国东部边界问题上从来都不赞同协约国政策的劳合·乔治先生，在这件事上却大力为之，起到的作用最大。投票不会在 1920 年春季之前举行，也可能会推迟到 1921 年。在这期间，这个地区将由一个联合委员会管理。投票将由各个市镇举行，最终的边界则由协约国决定。协约国将会部分地参考各个市镇的投票结果，另外一部分则要参（转下页）

波兰的领土，不过这个地方杂居着波兰人、德国人和捷克斯洛伐克人，具体的比例尚有争议。[1] 从经济上来看，该地区与德国联系得甚为紧密，德国东部的工业仰赖于这个地方的煤炭，对于德国的经济结构来说，丧失掉这里将会是一场毁灭性的打击。[2]

53

失去了上西里西亚和萨尔区的煤田，德国的煤炭供给量减少了不下三分之一。

---

（接上页）考"当地的地理和经济条件"。要想预测这一结果将会如何，需要大量有关当地的具体知识。通过投票给波兰，当地可以逃避缴纳赔款的责任，而投票给德国，其结果则需承担沉重的税负，这一因素不容忽视。另外，波兰新政府的无能以及经济上混乱的状况，又将会阻止那些基于经济的原因而非民族的立场进行投票的居民。同样还需要提及的是，在诸如公共卫生和社会立法之类的生活条件上，波兰的邻近地区与上西里西亚根本没有任何可比性。在那些地区，类似的立法还处于初级阶段。该文本中的观点假设，上西里西亚不再属于德国。但是，一年之中可能会发生诸多事情，这样的假设并不是确定的。如果某种程度上证明这一假设有误，则结论必须修改。

1　德国多个权威机构宣称，从选举的投票结果来看，将会有三分之一的居民投票赞同把上西里西亚划归波兰，三分之二的居民投票赞同将它划归德国，当然它们的宣告中也不无相互矛盾之处。

2　不过，决不应加以忽略的是，在协约国最终的文件里，与上西里西亚有关的其他让步，还包括第 90 款，根据这一条款，"波兰承诺在 15 年内，德国根据和约转让给波兰的上西里西亚的任何地区，其所出产的煤炭允许向德国出口。这些产品将可免于出口税以及其他对于出口的收费和限制。波兰同意，将会采取必要措施，保证德国的购买者能够以与波兰或任何其他国家的购买者相似的条件来购买这些产品。"从表面上来看，这是优先购买权，实则不然，要想估计出它有效的实际后果，绝非易事。不过，就这些煤矿得以保持先前的效率以及德国目前所处的需要大量购买这些煤炭的处境而言，这一条款给德国造成的损失仅限于对贸易平衡的影响，而对于条约文本中预期的德国经济生活不会起到什么更为严重的作用。对于协约国来说，这是一个实施更好的切实解决之法的绝佳机会。应当加以补充的是，德国人曾经列出同样的经济论据，要求把萨尔区煤田让给法国，而把上西里西亚仍留在德国。因为上西里西亚的煤炭对德国的经济生活非常重要，而波兰却不怎么需要它。大战之前，波兰对煤炭的年需求量为 1 050 万吨，其中 680 万吨来自与上西里西亚相邻的没有争议的波兰地区，150 万吨来自上西里西亚（上西里西亚的煤炭总产量为 4 350 万吨），其余部分来自现在的捷克斯洛伐克。波兰即使没有上西里西亚和捷克斯洛伐克的煤炭供应，也可以通过更加充分地开发那些尚未得到科学开发的自己的煤田，或者通过它现在吞并的西加利西亚省的煤炭储量，来满足自己的煤炭需求。

(iii) 在余下的煤炭供给当中，德国还须逐年赔偿法国北部省份的煤田在战争中所遭受的损失和破坏的估计数额。条约在赔款这一章的附件 V 第 2 段中称，"在不超过 10 年的时间内，德国每年赔偿法国北部省和加莱海峡省由于战争破坏而比战前减少的产量数额。这一赔偿额开始的前 5 年每年不超过 2 000 万吨，5 年之后每年不超过 800 万吨。"

就这一条款自身来讲，它尚属合理，如果德国可以自由支配剩余的资源，它是有能力履行这一条款的。

(iv) 关于煤炭的最后一项条款，是在赔款这一章中总体计划的那部分，该条款规定，赔款总额中一部分将以各类煤炭而不是现金来支付。作为应付赔款的一部分，德国每年要以如下数量来交付煤炭或者等量的焦炭（德国交付给法国的产量除了萨尔区的产量以及每天赔偿的给法国北部所造成的损失之外的额外增加量）：

(a) 10 年内每年交给法国 700 万吨；[1]

(b) 10 年内每年交给比利时 800 万吨；

(c) 每年交给意大利的数量 1919—1920 年是 450 万吨，1923—1924 年、1928—1929 年的 6 年当中每年是 850 万吨；

(d) 如果卢森堡有需要，则每年交给卢森堡的煤炭数量与卢森堡战前对德国煤炭的年均消费量相等。

以上这些数量加总之后，大约每年平均为 2 500 万吨。

对于这些数字，我们应当结合德国煤炭每年的可能产量加以检视。大战之前，德国煤炭的最高产量出现在 1913 年，总产量达到 1.915 亿吨，其中有 1 900 万吨由煤矿自己消耗，净出口（即出口减去进口）为 3 350 万吨，剩下的 1.39 亿吨留作国内消费。据估计，用于国内消费的煤炭用途如下表（表 1）所示：

54

---

1　有 3 年时间，法国每年还可以得到粗苯 3.5 万吨、煤焦油 5 万吨、硫酸铵 3 万吨。

表 1

| | 煤炭(10 万吨)[1] |
|---|---|
| 铁 路 | 180 |
| 煤气, 水和电 | 125 |
| 煤 仓 | 65 |
| 家用燃料, 小工业和农业 | 240 |
| 工 业 | 780 |
| 总 计 | 1 390 |

由于国家领土的减少所带来的煤炭产量的降低, 如下表 (表 2) 所示:

表 2

| | 煤炭产量(10 万吨) |
|---|---|
| 阿尔萨斯-洛林 | 38 |
| 萨尔河流域 | 132 |
| 上西里西亚 | 438 |
| 总 计 | 608 |

因此, 以 1913 年的产量 1.307 亿吨为基础, 减去煤矿自身消耗的数量, 将会剩下 (比如) 1.18 亿吨。几年之内, 每年要交给法国的煤炭量多达 2 000 万吨, 以作为对法国煤矿损失的赔偿, 其他还需要赔付给法国、比利时、意大利和卢森堡 2 500 万吨。[2]由于前述产量是最大产量, 而出口量在最初几年又将略有降低, 所以我们可以把德国承担的对协约国的

55

---

1　原文此处及下一张表格中的单位为"百万吨"(million tons), 包括本段中的单位均如此, 疑误, 统一改为 10 万吨, 以与前文对上。——译者注

2　条约授权赔款委员会 (卷 VIII 附件 V 第 10 段), 如果它们认为"完全履行上述条款将会过度干预德国工业需求", 可以"推迟或取消这些支付"。在出现推迟或取消的情况时, "用于代替被破坏煤矿所产煤的煤炭与其他的交付相比享有优先权"。就像我们将要看到的那样, 如果德国根本不可能供应这全部的 4 500 万吨, 那么这一结语就非常关键了; 因为它意味着在意大利开始得到交付的煤炭之前, 法国已经先得到了 2 000 万吨。赔款委员会并没有修改条款的自由裁量权。意大利的新闻界注意到了这一条款的重要意义, 并声称这一条款是趁意大利代表不在巴黎的时候给加进去的 (Corriere della Sera, 1919 年 7 月 19 日)。

出口量定在 4 000 万吨，在此基础上留作国内消费的煤炭数量为 7 800 万吨，而战前的消费量是 1.39 亿吨。

不过，要想得到精确的数值，需要做一番实质性的修改。一方面，可以肯定，战前的产量不能作为现今产量的依据。和 1913 年 1.915 亿吨的产量相比，1918 年的产量只有 1.615 亿吨；1919 年上半年，除去阿尔萨斯-洛林以及萨尔区，但包括上西里西亚，产量总共还不到 5 000 万吨，由此推想，相应的年产量当在 1 亿吨左右。[1] 导致产量减少的原因，一部分是暂时的，具有特殊性，但是德国政府认为，其中有一部分原因必然会在将来持续相当长一段时间，这一看法一直没有受到过反驳。有

一部分原因与其他地方相同；每班次的工作时间由 $8\frac{1}{2}$ 小时缩短到了

7 小时，并且中央政府也没有足够的能力将这些数字恢复到以前的水平上来。而除此之外，采矿设备的条件也较差（因为封锁导致一些重要物资匮乏），由于营养不良，工人们的身体状况受到了严重的摧残（要想满足赔款要求，这种状况就无法得到改善——生活水平只会更低），战争中的伤亡也减少了高技能矿工的数量。与英国自身的状况进行类比，我们可以清楚地知道，德国的产量要想恢复到战前水平是不可能的。德国政府估计产量的损失当在 30% 以上，这里面既有工作时间缩短的原因，也有其他经济上的影响，两种影响几乎不相伯仲。就总体情况而言，这个数字是合理的，但是我没有足够的知识来支持它或者批评它。

因此，考虑到以上因素，德国战前煤炭产量的净值 1.18 亿吨（即除去本国领土之上的损耗以及煤矿自身的消耗），这个数字可能还在不断

56

---

1　可以断定，德国当前的生产率已经降到了 1913 年的 60% 左右。这自然对煤炭的储备产生了极为严重的影响，对于即将到来的冬季，前景极为暗淡，非常危险。

地缩小，产量至少下降到 1 亿[1]吨。如果其中的 4 000 万吨要出口给协约国，那么，德国自己就只剩下 6 000 万吨来满足其国内的消费需求了。由于领土的减少，与供给一样，需求也会下降，但是即使作最极端的估计，需求下降的数量也不可能超过 2 900 万吨。[2]因此，根据战前德国铁路和工业的效率来计，我们可以这样推算，维持战后德国国内需求的煤炭数量当为 1.1 亿吨，而产量却还不到 1 亿吨，并且其中有 4 000 万吨已经抵押给了协约国。

　　这个问题非常重要，所以，我对它做了一番稍微详细的统计分析。很显然，对于数字的精确性不必苛求，因为这些数字都是根据假定推算出来的，并不十分靠得住。[3]但是，事实既在，其总体上的特征则是无可辩驳的。考虑到领土的缩小和效率的损失，如果德国想继续作为一个工业大国而存在，在较近的将来它是无法出口煤炭的了（甚至还会依赖条约赋予它的购买上西里西亚煤炭的权利才行）。德国被迫出口每 100 万吨
57 煤炭，就要付出关闭一个行业的代价。在一定的约束之下，这样的情况并**不是不可能的**，我们稍后再就这些结果进行讨论。但是，德国很显然不可能，也不会愿意每年贡献给协约国 4 000 万吨煤炭。协约国的那些部长们告诉他们的人民，德国一定可以做到这一切，实在是欺人之谈，其目的不过是牵着欧洲人民的鼻子沿着他们引领的方向前进时，可以暂时地缓解他们的不安情绪。

---

1　这里假设产出减少了 15%，与前述所引的产量减少 30% 不同。

2　这里假设德国的工业企业产出减少了 25%，其他需求降低了 13%。

3　于此，必须特别提醒读者，上述计算并没有把德国褐煤的产量考虑在内，除去做成煤饼的那 2 100 万吨之外，1913 年，德国的粗粒褐煤还剩余 1 300 万吨。不过，在战前，除去以上假设的煤炭数量**之外**，这个数量的褐煤乃是德国所必需的。关于德国煤炭的损失在何种程度上可以由广泛使用褐煤，或者通过目前这种节约方式的使用而获得补偿，我无力就此置喙。但是，有一些权威人士认为，通过更多地重视其褐煤储量，德国可以使其在煤炭上的损失获得充分的补偿。

和约中存在着这样一些欺骗性的条款，尤其会使将来充满诸多的危险。那些财政大臣们用来欺骗公众的关于赔偿的非分之想，在达到他们延缓征税以及延缓开支紧缩的目的之后，就不会再被提及。但是，这些关于煤炭的条款则不同，它们一定不会被轻易地忽略，这是因为，这些条款对于法国和意大利来说利益攸关，这些国家将会就其权限所及之范围，尽力确保条约中这些条款的实现。由于德国的破坏所造成的英法以及其他地区煤炭产量的减少，再加上其他一些次要的原因，比如说交通系统的瘫痪、生产组织的破坏和新政府运行上的低效率，整个欧洲的煤炭形势令人几近绝望。[1]法国和意大利带着条约赋予它们的权利加入了这场争夺，它们是绝不会轻言放弃的。

法国和意大利的理由非常充分，而且从某种角度来说，它们的那些理由确也无可辩驳，这真是进退两难。这种局面，恰可以被看作在德国的工业与法、意两国的工业之间要做出抉择。我们需要承认的是，如果德国交出了它的煤炭，那就会毁掉德国的工业；而如果德国不交出它的煤炭，则又会危及法国和意大利两国的工业。如此情势之下，难道在战争中取得胜利的国家不应该享有它应该享有的胜利吗？更何况，这些损失归根结底乃是由如今的这些战败国造成的呢！然而，如果这些感受和权利指向摆脱了理智的控制，那么，对于中欧社会和经济生活的反作用将很难被控制在最初的范围之内。

但这尚还不是问题的全部。如果法、意两国可以通过从德国进口煤炭来弥补自身煤炭的不足，那么北欧、瑞士以及奥地利这些以前的大部

58

---

1　胡佛先生（**Mr Hoover**）在 1919 年 7 月给出了这样的估计：除去俄国和巴尔干半岛之外，欧洲煤炭的产量已经由 6.795 亿吨下降到了 4.43 亿吨，其中只有很小一部分是因为原材料的匮乏和劳动力流失造成的，主要的原因乃是由于人们在承受了物资匮乏和战争的苦难之后，不愿意继续努力工作使然，同时也是由于铁路和公路运输的缺乏，以及一些产煤区的归属仍然不够明确造成的。

分煤炭需求都是由德国可以大量出口的剩余煤炭来弥补的国家，又将因此而不能满足自身对煤炭的需求。在大战之前，德国出口给奥匈帝国的煤炭数量达 1 360 万吨，因为近乎以前奥匈帝国所有的煤炭资源都在如今的德意志奥地利（German Austria）的国境之外[1]，所以，如果后者不能从德国那里得到煤炭供应，那么它的工业就会被完全摧毁。德国那些中立邻国的情况亦然，它们以前的煤炭供给虽然有一部分来自英国，但大部分是仰赖于德国的，它们的状况也同样会很严重。这些国家将会尽力供应德国所必需的原材料，以此为条件换取煤炭。事实上，它们已经开始这样做了。[2]由于货币经济的崩溃，国与国间以货易货的交易方式开始盛行。如今，在中欧和东南欧的交易中，货币很少会成为一种真正的交换价值的度量标准，而且在购买任何东西的时候都不是必需的，由此造成的结果是，如果一个国家拥有另外一个国家所必需的某种商品，则并不会以货币作为交换条件，而是通过双边协议交换另外一个国家拥有的对这个国家来说非常重要的商品。这与之前几乎得到完美简化的国际贸易相比，其交易格外复杂。不过，在今天同样非常复杂的工业状况下，这种交易方式在促进生产方面并非乏善可陈。鲁尔地区的黄油班[3]表明，当代欧洲已经在多大程度上倒退回以物易物的交易方式了，这为个人以及国家之间的现金和自由交易的崩溃使我们迅速回到低级的经济组织形

---

1　奥匈帝国在一战战败后被分割成多个小国家，其中原先内莱塔尼亚的一部分成为奥地利第一共和国，在 1918 年 10 月 24 日到 1919 年 9 月 21 日的这 11 个月间被称为"德意志奥地利"，并被禁止与德国（即当时的魏玛共和国）合并。——译者注

2　正是基于此，它们在战争期间达成了大量商业上的协议。而且，在 1919 年 6 月，德国与丹麦、挪威和瑞士之间达成了单独以煤炭作为支付方式的附加协议。虽然所涉及的数量并不是非常大，但是如果没有这些条约，德国将无法得到丹麦的黄油、挪威的油脂和鲱鱼，以及瑞士的牛奶与牲畜。

3　"鲁尔地区有 6 万矿工同意加班工作，目的是要生产出口到丹麦的煤炭，以此来换取丹麦的黄油，所以被称为'黄油班'。黄油将首先供应给这些矿工们，因为他们为获取黄油做出了特别的贡献。"（*Kölnische Zeitung*，1919 年 6 月 11 日）

式提供了生动的示范。可是，也只有这样一种方法可以促进煤炭的生产，其他方式皆以失败告终。[1]

不过，如果德国可以为它的那些中立邻国供应煤炭，法意两国就会强烈发声，声称德国可以而且必须履行条约规定的义务。这个理由看似非常公正，但是，这类要求很难与事实相抗衡，虽然矿工们愿意为了黄油而工作，但是如果他们挖到的煤炭出口之后换不回任何东西，那么，就无人能够强迫他们工作。而如果德国没有煤炭出口给邻国，那么它将无法获得维持其国内经济生存所必需的进口物资。

假使对欧洲煤炭供给的分配陷入了混乱，法国是可以首先得到满足，其次是意大利，其他国家就只好各安天命，碰碰运气了。欧洲的工业前景会变得无比灰暗，而且很可能会爆发革命。无论在情感上或者在正义上这些特殊的利益和特殊的要求有多么的合理，总得因时制宜才行。如果胡佛先生的推算正确，也即欧洲的煤炭产量下降了三分之一，那么摆在我们面前的当务之急就是，根据需要来公正无偏地分配财物，同时，不能忽略任何可以刺激生产或是更加经济的运输方式的途径。 60
1919 年 8 月，协约国最高委员会设立了欧洲煤炭委员会，其中的代表来自英国、法国、意大利、比利时、波兰和捷克斯洛伐克，这是一个明智之举，如果适当地加以利用和扩展，这个机构将能带来极大的帮助。我留待第七章再来对该组织给出建设性的意见。在此，我只关心，如果没有可能按照和约来行事的话，现在这样做的后果到底会是什么。[2]

---

1 英国的威士忌班未来的情况又将如何？

2 最早在 1919 年 9 月，煤炭委员会已经发觉，强迫德国执行和约规定根本就没有现实的可能性，于是便对和约做了如下修改："德国应在接下来的 6 个月内使煤炭出口达到相应的 2 000 万吨，这与条约中规定的 4 300 万吨相比已经减少了很多。如果德国的煤炭总产量超过目前的 1.08 亿吨的水平，达到 1.28 亿吨，那么，增加产量中的 60%，应当供应给协约国；超过 1.28 亿吨的产量中 50%应供应给协约国，直至达到条约中规定的数量为止。如果德国的总产量达不到 1.08 亿吨，那么协约国将会酌情考虑其具体的情况。"

（2）有关铁矿石的条款虽然其影响也具有破坏性，但是尚不需要我们巨细无遗地予以关注。之所以如此，乃是因为这些条款在很大程度上无可避免。1913 年，德国铁矿石有 75% 来自阿尔萨斯-洛林两省。[1]由此可以知道阿尔萨斯和洛林这两个省份的重要性有多大。

德国必然会失去这两个铁矿石产区，这一点是毫无疑问的。唯一的问题在于，德国在购买这些地区的铁矿石时可以取得多大的便利。德国代表非常努力地想达成包含有这样一条规定的条款：德国供应法国煤炭和焦炭，法国应以洛林的**鲕状褐铁矿**作为交换。但是，德国并没有达成心愿，选择权仍然在法国一方。

决定法国最终政策的那些动机，并非全然一致。虽然洛林的铁矿石产量占德国总产量的 75%，但是只有 25% 的鼓风炉在洛林和萨尔河流域，矿产之中的大部分都被运送到德国，位于阿尔萨斯-洛林两省的钢铁铸造厂大约也只占全德的 25%，因此，就目前而言，像迄今为止一直在做的那样，把大部分铁矿石运送到德国，方才是当然的最经济、最有利可图的办法。

另外一方面，既然法国已经重新取得了它在洛林的矿藏，那么，它自然希望尽可能地用本国的工业来取代德国依托这些矿产所建立起来的位于德国国境之内的工业。不过，法国要修建厂房，培训技术工人，尚需一段很长的时间，因此，除非可以依赖从德国获得的煤炭，否则它自己几乎是没有办法来冶炼这些矿石的。萨尔区的最终命运依然不够明朗，这也将会打乱那些打算在法国建立新工厂的资本家的计划。

---

1　德国铁矿石总产量为 28 607 903 吨，这两个省份加起来就有 21 136 265 吨。上西里西亚铁矿石的损失微不足道。卢森堡对来自德国关税同盟的所有钢铁的抵制是非常重要的，尤其是加上阿尔萨斯-洛林地区的损失，更是雪上加霜。还需考虑到，上西里西亚地区的锌产量占德国总产量的 75%，这一点也不应忽略。

实际上，这里与其他地区一样，政治上的考虑完全超越了经济上的考量。在自由贸易和自由的经济交流这种形势下，铁矿在一个国家境内，而劳动力、煤炭和鼓风炉在另外一个国家境内，并不会产生什么影响。但事实上，人们发明出了多种让自己和他人遭受穷困的方法，宁愿用集体的仇恨来取代个人的快乐。就目前欧洲资本主义社会的激情和冲动言之，新的政治边界（情感和历史正义所要求的这一边界）将会导致欧洲实际钢铁产量的下降，这一点是确定无疑的，因为国家主义和私人利益将会沿着这一政治边界建立起一道新的经济上的边界。在当下，欧洲大陆最迫切的需要是持续高效地生产，以此来修复战争带来的破坏，满足劳动者对更高报酬的极力要求，但是，眼下欧洲的统治者却把国家主义和私人利益凌驾于这一迫切要求之上。[1]

62

从把上西里西亚割让给波兰这一事件上，我们可以看到同样的影响，只是规模要小一些。虽然上西里西亚的铁矿非常之少，但由于煤炭的存在，使那里建造了为数不少的鼓风炉。它们的命运又将如何呢？如果德国来自西部的铁矿供应被切断，它还会越过东部的边界向上西里西亚出口对它来说也所剩无几的铁矿石吗？如此一来，工业的效率和产出肯定会降低。

因此，和约打击的是欧洲的经济组织，而这种组织上的破坏会进一步削弱整个社会本就减少了的财富。煤炭和钢铁是现代工业的基础，所以，在煤炭和钢铁之间即将建立起来的经济边界，不仅会降低有用商品

---

1　1919 年 4 月，英国军需大臣派遣了一个专家委员会，调查洛林地区和德国被占领地区钢铁厂的情况。报告称，洛林地区的钢铁厂所需要的煤炭和焦炭，依赖于威斯特伐利亚的供应，萨尔河谷地区也是如此，只不过程度要低一些。要想得到冶炼所需的优质焦炭，必须将威斯特伐利亚和萨尔区的煤炭混合起来使用方才可以。报告还说，所有洛林地区的钢铁厂对德国燃料供应的完全依赖，"将它们置于非常不利的境地"。

的生产产量，而且因为政治条约的规定或者在合理的产业布局上设下的诸般障碍，在运送钢铁和煤炭方面，还可能会白白耗费大量的人力劳动。

## III.

条约中还有一些与德国运输和关税体系相关的规定。这部分的条约内容与前文我们所讨论的那些比起来，没有那么重要和意义重大。它们只是对德国造成干扰和牵制，令德国烦恼而已，不会产生容易为人诟病的严重后果，但根据协约国所宣称的那些理念来看，这样做是非常不光彩的。按照前面所引述协约国给出的使德国放下武器的那些保证，读者可以对下面的这些条款做出自己的判断。

(1) 那些把诸多零星规定混杂在一起的经济条款，应该是互惠的，从而与"十四点计划"中第三点的精神相一致。然而，事实上并非如此。德国在进口和出口两方面的关税、条例和禁令必须在五年内对协约国及其联盟国家实行最惠国待遇，[1] 而德国却不能从其他国家得到这种待遇。

五年之内，阿尔萨斯-洛林两省可以自由地向德国出口，所承担的关税最高不得超过 1911 年到 1913 年这两个省份对德国出口额的平均值。[2] 但是，德国对阿尔萨斯-洛林地区的出口则没有类似的规定。

波兰三年内对德国的出口，以及卢森堡五年内对德国的出口，也有与此相类的优惠，[3] 但是，德国对波兰或卢森堡的出口却没有这样的优惠。多年以来，卢森堡一直因其身处德国关税同盟之内而受益良多，

---

1　第 264、265、266、267 款。只有国联才有权利把这些条款延长超出五年。

2　第 268 (a) 款。

3　第 268 (b)、(c) 款。

但是，从此之后它将永远从这一同盟中脱离。[1]

条约生效后六个月，德国对来自协约国以及协约国盟国产品的进口关税，不得高于战前的最惠关税。在接下来的两年半中（加在一起是三年时间），对于某些特定的商品，这一禁令依然适用，尤其是那些在战前就已存在特别协议规定的产品以及白酒、植物油、人造丝绸、水洗羊毛或洗净羊毛。[2]这一规定不但荒唐，而且有害。它使德国无法采取必要的措施，用她那有限的资源来换取必需品和偿还赔款。由于德国现有的财富分配状况，个人在财务上的毫无节制，以及未来局势的不确定性，使得来自国外的那些奢侈品和准奢侈品在德国泛滥成灾，这些物品德国已经多年没有进口了，国内较为匮乏，一旦可以购买，消费者必然不加节制；这种情况将会耗尽或者减少德国那点不多的外汇供给，从而对德国构成威胁。这些规定会打击德国政府在消费上厉行节约或在关键时期征收赋税的权威。协约国不但从德国取走了所有的流动性财富，要求德国支付它根本无法承受的未来赔款，而且还要让德国一定要像繁荣时期那样进口香槟和丝绸，贪得无厌一至于斯，真可称得上是贪婪的最好示例！

另外还有一项条款，如果实施开来，则会对德国的海关管理制度造成影响，其后果更加严重，影响所及也会更加广泛。协约国保留了一项在莱茵河左岸占领区内实行特殊海关管理制度的权利，"为保障该地区居

---

1 大公国也是非中立的，德国自己承诺"先接受所有的国际安排，其中可能包括协约国及其盟国确定下来的与大公国有关的安排"（第40款）。1919年9月底，曾举行过一场公民投票，来决定卢森堡是加入法国关税同盟还是比利时的关税同盟，绝大多数投票者支持加入法国关税同盟。继续保持与德国关税同盟的第三备选方案并没有让投票者进行公开投票。

2 第269款。

民的经济利益，协约国认为采取这种政策是有其必要的"。[1]这项规定大概是作为法国在占领期间把莱茵河左岸地区从德国分裂出去的政策之附庸而加进来的。在法国宗教势力的影响下，设立一个独立的共和国作为缓冲，以实现法国把德国赶回莱茵河右岸的野心，这项计划从未被放弃。有人认为，在十五年或者更长的时间内，通过威逼、贿赂和诱骗等手段一定可以实现这一计划。[2]如果这一条款得到施行，则莱茵河左岸地区的经济体系就会与德国其余地区真的分离开去，其影响将非常深远。但是，狡诈的外交家们不会总是梦想成真，我们必须相信未来。

(2) 有关铁路的最终条款，与最初德国所看到的条款相比，已经有了实质性的改变。而且，现在这些条款还受到以下这个规定的限制：协约国出口德国或者路经德国的商品，将享受铁路货运运费等方面的最惠

---

1　第 270 款。

2　关于占领区的条款可以在一点上做出简单的总结。德国在莱茵河以西的地区，加上桥头地带（bridge-heads），在 15 年内均属于占领区（第 428 款）。不过，如果"德国忠实地实现了当前条约的条件"，那么，5 年之后协约国军队将会撤出科隆地区，10 年之后撤出科布伦茨地区（第 429 款）。但是，15 年后，"如果协约国及其盟国认为，德国不会再无缘无故侵略其他国家的保证不够充分，则占领将会推迟撤出，一直到得到了所需要的保证时为止。"（第 429 款）此外，"在占领期间或 15 年结束之后，赔款委员会发现德国拒绝承担本条约赔款部分所规定的全部或部分责任，则协约国及其盟国的军队将立即重新占领第 429 款所列的全部或部分地区"（第 430 款）。由于德国不可能完成全部赔款责任，所以，上述这些规定实际上所起到的作用则是协约国可以自由选择它们占领莱茵河左岸地区的时间长短。它们也可以按照它们所确定的方式来管理这一地区（例如，不仅通过关税，而且还可以让德国代表和协约国管理委员会成立各自的权利机构），因为"所有与占领区有关且当前条约没有规定的，都将由后续条约来管理。德国根据这些后续条约来担负其责任"（第 432 款）。目前，对占领区进行管理的实际协定已经以白皮书的形式发布（索引 222）。最高权利掌握在协约国莱茵河地区委员会手中，其成员包括一个比利时人、一个法国人、一个英国人和一个美国人。这一协定的条款得到了非常公正、合理的起草。

国待遇，"在类似的运输条件下，例如在同样的里程下"，[1] 这一规定适用于同类商品在德国任何一条铁路线上的运输。作为一项非互惠的规定，这是一种干涉德国内政的行为，其正当性是很难得到认可的，但是，这一条款以及与客运有关的类似条款[2] 所产生的实际影响[3]，将较多地取决于如何对"类似的运输条件"这个短语的解释。[4]

暂时来看，德国的交通运输体系因为与转让车辆相关的条款而受到了更为严重的扰乱。停战条件的第 7 段规定，德国要交出 5 000 辆机车和 15 万辆货车，这些车辆必须能够"运转良好，所有备用的零部件和配置都必须做到齐备"。根据条约要求，德国需要确保交出这些物资，并且要 66 对协约国在这些物资上拥有的权利予以认可。[5] 条约还进一步要求德国在 1918 年 11 月 11 日之前，在德国割让出去的那些地区，其铁路系统以及"在常规保养状态"的编制在册的车辆全部都要转交给协约国。[6] 这就是说，转让出去的铁路系统对德国整体车辆的任何损耗和毁坏均不承担责任。

随着时间的推移，这一损失无疑会得到改善。但是，由于润滑油的缺乏以及战争期间的巨大磨损，而且没有得到正常的修复，德国铁路体系的运行效率已经大不如前。条约带来的严重损失在未来一段时间内将使事态进一步加剧，总体而言也进一步恶化了煤炭问题和工业出口方面

---

1　第 365 款。5 年之后，这一条款将根据国际联盟会议所做出的修改而重新厘定。

2　第 367 款。

3　从 1919 年 9 月 1 日起，德国政府取消了所有钢铁产品出口的铁路优惠关税，原因在于，按照条约的这个条款之规定，这些优惠关税将为它们被迫给予协约国贸易者的相应优惠所抵消。

4　国际联盟负责关于解释和应用之类的问题（第 376 款）。

5　第 250 款。

6　第 371 款。此一条款甚至被应用于"以之前俄国所占波兰地区为抵押转让给德国的铁路，这些铁路被认定是与普鲁士国家铁路系统相脱离的"。

所面临的困难。

（3）除了上述这些之外，条约还有关于德国河流系统的条款。就协约国的既定目标而言，这些条款基本上是没有什么必要的，而且这些条款与那些目标之间也几乎没有什么关联，而协约国的既定目标一般来说也不为人知。然而，这些条款却开了干涉一个国家内政的先河，由此可见，条约已经可以做到完全剥夺德国对自己国家的交通运输体系的实际控制。就条约现在的形式来看，这些条款并没有什么正当性可言，而只要做出一些简单的改变，就可以使它们变成合理的法律条文。

德国大部分的重要河流要么其源头不在德国境内，要么就是出海口不在德国境内。莱茵河发源于瑞士，从荷兰入海，其中的一部分水道如今已经成为界河；多瑙河虽然发端于德国，但是大部分流域却不在德国境内；易北河起源于波希米亚——如今称作（前）捷克斯洛伐克——的群山之中；奥德河横贯下西里西亚而过；涅曼河现在是东普鲁士的边界线，其源头在俄国境内。在这些河流当中，莱茵河和涅曼河都是界河；易北河倒是主要都在德国，但是其上游对波希米亚则非常重要；多瑙河在德国境内的部分与其他国家似乎没有多少关系；如果公民投票的结果不是将上西里西亚全部割让，则奥德河原本几乎是完全属于德国的河流。

那些（用条约中的语言表述即）"天然地为不止一个国家提供入海口"河流，的确需要某些国际管制条例和充分的保障来避免国家之间的区别对待，以免存在歧视。这一原则很久之前即已得到管理莱茵河和多瑙河的国际委员会的认可。但是，在这类委员会中，相关的国家多多少少都是按照它们各自利益的比例来进行分配的。而这次签订的条约却以这些河流的国际性为托词，使德国的河流体系脱离德国的控制。

条约在规定了不得歧视及干涉通行自由这几条[1]之后，进一步把易北河、奥德河、多瑙河和莱茵河的管理权移交给了国际委员会。[2]这些委员会最终的权利由"协约国及其盟国订立，并由国际联盟批准的通例"来决定。[3]同时，这些委员会负责起草各自的组织章程，很显然，它们享有的权利是从对通例最大限度的解释中得到的，"尤其是有关河道维护、控制和改进这类工作的实施、财政管理制度、费用的确定与征收、航运管理规章等方面的权利"。[4]

到目前而言，和约也有不少值得称道的地方。通航自由是良好的国际惯例中重要的组成部分，应该在各地均予实行。但是，这些委员会之所以让人有所指摘，就在于它们的成员资格问题。在每一个委员会中，投票的比例都会使得德国成为明显的少数派。在易北河委员会，十票之中德国仅占四票；在奥德河委员会，九票之中德国占三票；在莱茵河委员会，德国只占十九票中的四票；在多瑙河委员会，虽然委员会的组织工作尚未最后完成，但是德国将处在少数派地位已是确然无疑的了。在所有这些河流委员会中，英法两国均有代表席位。在易北河委员会，意大利和比利时也有代表名额，其中的原因不得而知。

因此，德国重要的水路都交付在了拥有广泛权利的外国实体机构手中，汉堡、马格德堡、德累斯顿、斯德丁、法兰克福、布雷斯劳、乌尔姆等许多当地和国内的商业也均处在外国的管辖之下。这就好比欧洲大陆

---

1　第332—337款。不过，第332款第2段做出了例外规定，允许其他国家的船只在德国城镇之间进行贸易，但是若非特许，却禁止德国船只在非德国城镇之间进行贸易。第333款禁止德国把它的河流体系作为财政收入的来源，此举颇不明智。

2　如若需要，涅曼河和摩泽尔河亦可得到类似的处理。

3　第338款。

4　第344款。此款是对易北河和奥德河所做的特别规定，多瑙河和莱茵河交给那些已经存在的相关委员会去处理。

各个国家要被置于泰晤士河管理委员会或伦敦港的管辖之下一般。

　　某些细小的条款，也遵循着在我们对条款所做的观察中已经为我们所熟知的那些原则。在赔款这一章的附件 III 里，德国要将其内陆航运吨位中高达 20% 的部分予以割让。除此之外，德国还须在美国的仲裁下"考虑各方的合理需要，尤其是战前 5 年对船舶运输的需要"，把易北河、奥德河、涅曼河、多瑙河上 20% 的船只转让给其他国家，被转让的船只须在最近制成的各船中挑选。[1] 德国在莱茵河上的船只和拖船以及德国在鹿特丹港的财产也要同此处置。[2] 在莱茵河流经法国和德国之间的地区，法国拥有灌溉和发电用水的所有使用权，而德国则不享有任何权利；[3] 而且所有桥梁全长均为法国的财产。[4] 最后，位于莱茵河东岸完全属于德国的科尔港，其管理机构在 7 年之内须与斯特拉斯堡的管理机构合并，并交由一位新莱茵河委员会提名的法国人来进行管理。

　　因此，《凡尔赛和约》的经济条款内容广泛，只要可以在当下削弱德国，并在未来阻碍其发展，这样的内容就不会被遗漏。在这种处境之下，德国将支付多少赔款以及如何赔付，我们留待下一章进行检核。

---

　　1　第 339 款。

　　2　第 357 款。

　　3　第 358 款。不过，德国可以通过支付费用或通过信贷手段来使用法国所拥有的相关权利。

　　4　第 66 款。

# 第五章　赔款

## I. 在和平谈判之前所做的承诺

关于协约国有权要求战争赔款的伤害赔偿种类，由威尔逊总统于1918 年 1 月 8 日提出的"十四点计划"中的相关条文予以限定，之后经过协约国政府在它们的授权文件中加以修改，再由威尔逊总统正式通告德国，这就成为了 1918 年 11 月 5 日德国签署停战协定、走向和平的基础。在第四章伊始，这些条文已经悉数得到引述。条文中写道："德国在海陆空各方面的侵略给协约国平民及其财产造成的全部损失，德国必须予以赔偿。"1918 年 2 月 11 日，威尔逊总统在国会的讲演中再次强调了这句话所蕴含的限制条件（此次讲演所提及的条件乃是与敌国达成契约之明确的一部分），也即"不再有贡奉"和"惩罚性赔款"。

也曾有人认为，停战协定第 19 段[1]的序文中"协约国和美国将来的任何要求和需要均不受此协定之影响"这句话已经把先前的所有条件一

---

1　"协约国和美国将来的任何要求和需要均不受此协定之影响，但是这一点必须以下面的财政条件为前提：赔款仅面向已经造成的损害。同时，在停战期间，任何可以用于恢复或赔偿协约国战争损失的公共财产，敌对国均不得破坏。原则上，在比利时国家银行的现金存款可以直接充当战争赔款，立即归还所有的文件、铸币、证券、股份、纸币、有争议的有关工厂以及被占领国的公共或私人利息收入。归还俄国和罗马尼亚缴纳给德国或被德国抢去的黄金。在和平协议签署之前，这些黄金交由协约国托管。"

71 笔抹杀，使得协约国可以尽情地提出他们所选定的任何需要。但是，这样一句在当时被认为是随手所加的保护性的话，并没有谁给予特别重视，它也绝不可能把威尔逊总统和德国政府之间在停战之前作为和议基础的正式通告和"十四点计划"统统废除，也不可能把财政领域当中德国接受停战的条款变成无条件投降的条款。这只不过是起草者常用的语句而已，他们在尝试着罗列出某些要求的一个清单时，希望通过这样的语句来避免让人们认为这个清单已经将所有的要求尽皆包含在内了。不管怎么样，协约国在就德国对条约初稿所做评论进行的答复里，对这一争论进行了处理，它们承认，战争赔款这一章中的条款必须受威尔逊总统11月5日文件的管束。

假设这个文件中的条款是具有约束力的，然后我们就来阐释一下"德国在海陆空各方面的侵略给协约国平民及其财产造成的全部损失，德国必须予以赔偿"这句话准确的意涵。正如我们将在本章下一部分所要看到的那样，在历史上，尚且很少会有这样从表面上看表述如此简单却又如此分明的句子，但又给诡辩家和律师带来了如此大量的工作。有些人就此断然认为，这句话囊括了所有战争费用；他们指出，因为所有的战争费用都是必须用税收来支付的，而这些税收正是"对平民所造成的损失"。他们认为，这句话表述得有些拖泥带水，应该更为简洁地这样来表达，即"所有种类的损失和支出"；而且他们还承认，这种明确的对平民人身和财产的强调并不合时宜；不过，在他们看来，起草者所犯下的过错是不能剥夺作为战胜一方的协约国之固有的权利的。

但是，除了这句话的字面含义所具有的局限性以及为区别于一般的军事支出而对平民的伤害加以强调之外，还须牢记，该条款的语境乃在于阐明威尔逊总统"十四点计划"中的"恢复"（restoration）一语的含

72 义。"十四点计划"给出了受侵略地区——比利时、法国、罗马尼亚、

塞尔维亚和黑山（意大利被不负责任地给忽略了）——的损害范围，但是其中并不包括在海上被潜艇攻击、海上轰炸（就像在斯卡伯勒地区的情况那样）以及空中袭击所造成的损失。为了弥补这些被"十四点计划"遗漏的地方——包括那些不能像被占领地区那样有效分辨的平民生命和财产损失——在巴黎和会上，协约国最高委员会向威尔逊总统提交了它们的修正案。在当时，即1918年10月的最后几天，我认为，任何一个负责任的政治家都不会去苛求德国政府赔偿全部的战争费用。他们想要做的，只是要把一点说清楚（这一点对英国相当重要），这一点就是：对于非战斗人员及其财产的损害之赔偿不应仅仅限制在受侵略地区（在没有经过修正的"十四点计划"里这是仅限于受侵略地区的），而应该所有的这类损害同等看待，不论这种损害是由"陆地、海上还是空中"的打击所造成，均应一视同仁。只是到了后来的阶段，要求德国政府赔偿全部战争费用的观点才流行起来，这就使得不诚实的行为和从既成文字中寻找原本并不存在的意思在政治上变得更有吸引力了。

那么，如果对我们的约定进行严格的解释，则哪些伤害是可以要求敌人进行赔偿的呢？[1]就英国的情况来看，英国包括以下各项：

(a) 敌国政府的行为对平民的生命和财产所造成的损害，包括空中袭击、海军轰炸、潜艇战和地雷战所造成的损害。

(b) 对受到虐待的被拘禁的平民进行赔偿。

一般的战争费用或（例如）由于贸易减少而造成的间接损害，是不包括在内的。

法国的赔偿要求除了包括上面这些相应的条款之外，还应包括： 73

---

1　顺便提及一下，应该注意的是，这些约定不包括任何旨在将损害仅仅限制在违反公认的战争原则的那些条款上。这就是说，在可以对非法的潜艇战所造成的费用提出赔偿之外，还允许对在海上合法地拘捕商人这类行为所造成的损失提出赔偿。

(c) 在战争地区内的平民人身和财产所遭受的损害，以及战线后方由于空战所造成的平民人身和财产损害。

(d) 敌国政府及其国民在占领区内掠夺的粮食、原材料、牲畜、机器、家用器具、木材以及其他这类性质的物品，须加以赔偿。

(e) 敌国政府或其官员对法国地方政府或国民所处的罚款及征用的财物，须予以归还。

(f) 对那些遭到驱逐或被逼迫参加强制性劳动的法国国民，须进行赔偿。

除了上述这些之外，还有一项，其性质更为可疑，即：

(g) 为维持敌占区法国平民的生活，应向他们提供救济金，以维持必要的衣食所需。

比利时人所要求的赔偿也包括类似的条款。[1] 就比利时而言，它的情况更接近对所有战争费用均要求赔偿的条件，如果以它的情况来加以主张的话，这只能以入侵比利时违反了国际公法为依据，但是我们看到，"十四点计划"对于这一依据并没有提出特别的要求。[2] 比利时在（g）条款下的费用和一般的战争费用一样，都已经由英国、法国和美国预先支付了，由此推断，比利时也应该部分地把从德国得到的关于这些费用的赔偿用于偿还这三个国家的贷款，所以，究其实，比利时的这些赔偿要求与这三个出借国的赔偿要求是重复了的。

其他协约国的赔偿要求亦可以汇总成为相类似的条款。但是，此类74 情况中有一个问题更加尖锐，那就是：德国在多大程度上对那些不是由

---

1　协约国国民所拥有的前占领区发行的有价证券和银行贷款应当作为敌对国的债务，与其他拖欠协约国国民的债务一起解决，这和战争赔款并没有关系。

2　而和约中确实包含了代表比利时利益的特别赔偿要求，并且德国代表对这一要求也没有提出任何异议就接受了。

它自己而是由它的盟国——奥匈帝国、保加利亚和土耳其——造成的损害承担连带责任？这是"十四点计划"没有给出清晰答案的众多问题之一。一方面，"十四点计划"中的第11点中明确包括了对罗马尼亚、塞尔维亚、黑山造成的损害，并没有限定这些损害是由哪个国家的军队造成的；另一方面，协约国的文件所言"德国"的侵略，本应该写成"德国及其盟国"的侵略。如果严格照字面意思进行解释，我怀疑是否会把土耳其对苏伊士运河造成的损害或奥地利潜艇在亚得里亚海造成的损害都算在德国头上。不过，在这种情况下，如果协约国打算在某一点上牵强附会地加以理解，那么，它们并不需要严重与约定的一般意图相悖，即可将连带责任强加给德国。

即使是在协约国之间，情况也极不相同。如果法国和英国将德国所能承担的支付额度拿去，而让意大利和塞尔维亚拿走它们从奥匈帝国的废墟上所能取得的支付额，那么这可算得上是非常不公平和不讲道义的行为。很显然，协约国之间应该将所有财产聚拢在一起，然后按照各国汇总的赔偿要求按比例进行分配。

在这一事件上，如果我在下文给出的估计值可以被接受，那么，德国的支付能力会被协约国对它的直接且合法的赔偿要求所耗尽，德国为其盟国承担连带责任一说就只具有学理意义而已。因此，谨慎而可敬的政治家应该是施予恩泽，给德国以质疑的权利，并仅对由德国自己造成的损害要求赔偿。

根据上述所要求的赔偿之基础，那么总的赔款数额将会是多少呢？对此，目前尚没有任何科学的或准确的估计数字，我谨就其总的价值给出自己的猜测，下面先做一番解说。

被侵略地区的物质损害总额总是会被过分地加以夸大，这也是很自然的。如果去法国那些被战争破坏的荒芜地区走上一遭，随处可见的景 75

象无不令人触目惊心，悲惨之状难以尽述。1918—1919 年的冬季，在战争的景象被大自然掩盖起来之前，战争所造成的恐怖与荒凉随处可见，范围之广，前所未见。破坏之彻底，人所共见。千里之内，荒无人烟。房屋无人居住，土地乏人耕种。所见之处，遭受战争蹂躏的相似程度，也颇令人震惊。被破坏的地区都极其相似——遍地瓦砾，到处是弹坑，凌乱的电线无处不在。[1]要想修复像这样的地区，其所需要的人力简直难以计算。而对于那些由这些地方归来的旅人，战争的破坏给他们所带来的冲击之程度，是无论如何形容都难以名状的。有些政府出于各种一望即知的原因，对这种感情加以利用，丝毫也不以为耻。

我认为，就比利时的情况而言，公众的感情是极端错误的。无论怎么说，比利时都是一个小国，而且它实际上被战争破坏的地区仅占全国总面积的很小的比例。1914 年德国第一次突袭，只是造成了一些局部的破坏，自那以后，在比利时的战线就没有再变动过。这一点与法国的战线前后拉锯一样的移动大为不同，法国的战线占据了国土很大一块区域。比利时的战线实际上非常稳定，敌对状态被局限在国家的一隅，其中的大部分地区一直到较近的时期还都是落后、贫困、偏僻的所在，并

---

1 不过，对于一个英国的观察者来说，有一个地方与其他地区全然不同，这个地方就是伊普尔地区（Ypres，伊普尔是位于比利时西佛兰德省的一座城市，是一个古老的城镇，历史远溯到古罗马帝国时期，中世纪时已经成为一个繁荣的商业城市。1241 年，一场大火将城市几乎全部烧毁，以后相当长的时期内，伊普尔都处于各场战争的旋涡中，第一次世界大战期间，这里处于德法战争的重要战略位置，发生多次战役，并且是世界上第一次被使用化学武器的地方。战后，伊普尔得到重建，现在已经成为一个"和平之城"，和日本的广岛一起提倡废除核武器，并成为争取 2020 年销毁核武器世界和平市长运动的主办城市。——译者注）在这个荒凉而又阴森的地区，大自然的色彩、地理面貌和气候状况似乎都是专门设计出来向游客们展示关于战场的记忆。1918 年11 月初，彼时尚有一些德国军人的尸骸遗留，这更加深了战争的真实和对人类惨剧的观感，此时来参观这个阵地的人会觉得，只有在这里才能切实感受到当前这场战争的暴行，同时，这种对未来悲惨而感伤的情怀在某种程度上也变得更加地深入骨髓。

没有什么经济活跃的工业区。在一些较小的洪泛区，仍然保留着德军造成的伤害，包括德军在撤退时对建筑物、工厂和交通的蓄意破坏，以及对机器、牲畜和其他可以移动的财产之掠夺。但是，布鲁塞尔、安特卫普，乃至奥斯坦德基本上都是完好无损的，比利时绝大部分最为富庶的地区，几乎和以前一样得到了很好的耕种。旅者乘车从比利时被毁坏的地区的一头走到另外一头，可能都不会觉得这里是战争地区；而法国被战争破坏的区域在程度上则大异于此。比利时的工业是受到了严重的抢掠，暂时陷入了瘫痪。但是，更换这些机器的实际货币成本攀升得甚是缓慢，只需几千万就可以将比利时曾拥有而今遭到劫掠的机器价值全部弥补。除此之外，头脑冷静的统计学家一定不会忽略这样一个事实：比利时人拥有着通常看来极为发达的个人自我保护本能；停战之时，比利时持有德国银行发行的大量纸币[1]，这一点说明，虽然德国的统治严厉而且残暴，但是，至少比利时的某些阶层还是找到了从入侵者的支出中获取利润的途径。据我所察，比利时对德国的赔偿要求在总数上超出了所估算的该国整体战前财富的总和，很显然，这是极端不负责任

---

1  根据估计，这些纸币总额不下于 60 亿马克，现如今这些马克成为了比利时政府窘迫的根源，面临着巨大的潜在损失，因为在收复疆土之时，政府是以 1.20 比利时法郎兑换 1 马克的兑换比率而把这些马克从国民手中收回的。这一兑换比率实际上远远超过了当时外汇市场上马克的价值（也大大超过了马克贬值后的汇率，现在，1 比利时法郎的价值要大于 3 马克），这导致大规模走私马克到比利时的行为，以此谋取利润。比利时政府之所以会走出这样极为轻率的一步，部分乃是因为它们希望劝说和会让德国按照面值赎回这些马克，并且把这作为对德国资产的第一要求权。然而，和会则认为，与调整由过高的汇率所导致的过度银行交易相比，正当的战争赔款要求必须予以优先支付。除了法国政府所拥有的为了被侵略地区以及阿尔萨斯-洛林人民的利益而以类似的汇率所接受的 20 亿马克外，比利时政府拥有的巨额俄国通货大大恶化了马克的交易地位。尽管实施起来非常困难，但是，比利时和德国政府仍然期望能够达成一些安排来处理这一问题，因为对于德国所有可以用于赔款的财产而言，战争赔款总是具有优先留置权。

的行为。[1]

下面，我们引用比利时财政部于 1913 年公布的有关比利时财富的统
77 计数字，这将有助于理清我们的思路，具体数据如下表（表 1）：

**表 1**

|  | 单位：百万英镑 |
| --- | --- |
| 土　地 | 264 |
| 建筑物 | 235 |
| 个人财富 | 545 |
| 现　金 | 17 |
| 家用器具等 | 120 |
| 合　计 | 1 181 |

从这个合计数我们可以推出人均收入为 156 英镑，在该领域最权威
的斯坦普博士看来，这个数字是有些过低了的（尽管他也不接受晚近流
行的某些要高得多的数字），同一时期与比利时直接接壤的国家，荷兰的
人均收入是 167 英镑，德国是 244 英镑，法国是 303 英镑。[2] 不过，假定
比利时的人均收入在 200 英镑左右，那全国总收入就是 15 亿英镑，这个
数字也是相当之高了。有关土地和建筑物的官方估计可能比其他项目上
的估计要更加准确一些。另一方面，对于建筑业的新增成本，也应考虑
在内。

综合各方面的考虑之后，我认为比利时由于被战争破坏和劫掠所致
的真正**实物**损失，其货币价值**最大**不超过 1.5 亿英镑，尽管对于这样一个
比当前流行的估计数字低那么多的估计数字，我总还有些犹豫不决，

---

1　为了公平起见，这里还应多加说明的一点是，比利时为自身利益提出的如此之
高的要价，总体上来看不但包含了正当的损害，还包含了各种其他的名目，例如，如果
战争没有发生比利时人本可以合理预期赚到的利润和收入。

2　J. C.斯坦普（J. C. Stamp），《主要国家的财富与收入》（《皇家统计学会学
刊》，1919 年 7 月）。

但是，即便实际的赔偿要求是这个数字，如果能证明它可行，我也会感到非常惊讶。关于征税、罚款、征用等方面的赔偿要求，可能还需要再加上 1 亿英镑。如果把比利时的盟国预借给它的一般的战争费用也包含在内，那就必须在总数上再加上 2.5 亿英镑（这当中包括救济支出），这样一来，赔偿要求的总数高达 5 亿英镑。

战争对法国的破坏在总的规模上要深重得多，这不仅是因为战线在法国境内拉得很长，而且还在于它在法国境内曾不时地前后摆动，这使得被破坏的区域非常之宽。把比利时视为战争的主要受害者，是一种流行的错误观点；我认为正好反过来，从伤亡人数、财产损失和将来的债务负担来看，比利时是除美国之外的所有交战国中牺牲相对最小的国家。在协约国当中，塞尔维亚所遭受的苦难与损失从比例上看最严重，其次就是法国。本质而言，法国与比利时一样，都是德国扩张野心的受害者，法国之被卷入战争，同样势所难免。以我的判断，虽然法国在和会上的政策有些极端，但是考虑到这一政策主要源自它所遭受的战争苦难，一般来说，我们会对法国的赔偿要求给予最为宽宏的理解。

在一般公众心目中，比利时之所以占据着如此特殊的位置，自然是因为它在 1914 年的牺牲远大于其他协约国。但是，在 1914 年之后，它所扮演的就只是一个次要的角色了。最终，截至 1918 年年底，除去那些因为受到侵略而遭受的无法用金钱衡量的痛苦之外，它的相对牺牲就落在了其他国家的后面。例如，在有些方面，它的牺牲甚至还没有澳大利亚大。我这样说，并不是想推卸对比利时的责任，我们那些负责任的政治家在不同的场合所发表的声明已经将对比利时的责任给明确地确定了下来。在比利时的正当赔偿要求被充分满足之前，英国不应该从德国寻求任何赔付。但是，这并不能成为我们或他们在损失的总额上弄虚作假的理由。

法国要求的赔偿总额非常之大，而正如法国负责任的统计学家自己指出的那样，法国的要求也有不少夸张、失实之处。法国被敌人完全占领的地区不超过法国国土面积的 10%，而遭到切实破坏的区域不超过 4%。人口超过 3.5 万人的法国城镇有 60 个，其中只有两个是被完全破坏的，这两个城镇一个是兰斯，人口为 115 178 人，一个是圣昆廷，人口为 55 571 人；另外三个被占领的城镇——里尔、鲁贝和杜埃——虽然机器和

79　其他财产遭到了劫掠，但是其他东西并没有受到实质性的损害。亚眠、加来、敦刻尔克和布伦遭受到了炮击和空中轰炸的间接伤害，但是加来和布伦由于修建了各种供英国陆军使用的新工事而价值陡增。

《法国统计年报》(1917 年) 估计法国全部的房屋财产价值为 23.8 亿英镑 (合 595 亿法郎)。[1] 而法国当前仅对房屋财产损害一项的估计就达 8 亿英镑 (200 亿法郎)，这显然估计得过高了。[2] 较为接近正确数字的估计，以战前价格计为 1.2 亿英镑，以当前价格计即是 2.5 亿英镑，相差应该不远。对法国土地价值 (除去建筑物) 的估计从 24.8 亿英镑到 31.16 亿英镑不等，因此，把此项损失定在 1 亿英镑，确实有些过于夸张。负责任的统计学家认为，法国所有的农业资本加在一起不会超过 4.2 亿英镑。[3] 除了上述这两项之外，其他还包括家用器具以及机器的损失、对煤矿和交通运输系统的破坏以及其他一些次要的项目。但是，所有这些项目上的损失，无论被破坏得多么严重，都只占法国很小的部分，估计动辄高达数以亿计英镑，是不可能在实际中造成的。总而言之，我们很难为法国北部被占领和被破坏地区的实物**损失**开列出超过

---

1　其他估计从 24.2 亿英镑到 26.8 亿英镑不等。参看上文所引的斯坦普的著作。

2　查尔斯·盖德先生 ( M. Charles Gide ) 在 1919 年 2 月号的《解放》杂志上清晰而勇敢地撰文指出了这一点。

3　有关这些和其他数字的细节可以看上文所引述的斯坦普的著作。

5 亿英镑的账单。[1]在我得出自己的统计数字之后，我偶然发现了雷内·　

普本先生（René Pupin）的著作，他的著作对法国在战前的财富进行了极

为全面而科学的估算，[2]该著作中的观点证实了我所估计出来的数字。这

位权威学者估计，被侵略区域的原材料损失在 4 亿到 6 亿英镑之间（即

100 亿到 150 亿法郎），[3]我自己的估计数字可以由这两个数值折中

---

　　1　即便我们可以列出实物损失的规模大小，要给它定出一个合理的价格也是非常

困难的，这是因为，对它做出定价，很大程度上取决于修复所需的时间长短及采用的方

式。要想不论付出何种代价而在一到两年内将战争所造成的损害尽数恢复，是不可能的

事情，这样的尝试会大大超出现有的劳动力和原材料总量的承受范围，将会促使价格大

幅攀升。我认为，我们必须假定一个基本上等于当前世界一般水平的劳动力和原材料成

本。不过，实际来看，完全恢复到我们战前的状态，从来不是我们所能放心地期盼达到

的结局。的确，这样做也是非常浪费的。许多城镇破旧不堪，不利于居民的健康，许多

小村落的状况也非常糟糕。在同样的地点建造同种样式的房屋并不明智。至于土地，很

多情况下，聪明的办法是把它留给大自然，让长岁月来处理。我们应该在合理地代表实

物损失价值的基础上计算出货币总额，然后，法国应当从一种在总体上促进经济繁荣的

立场出发，以它认为最为明智的方式来花费这笔钱。这场争论的第一缕微风已经吹遍法

国。1919 年春，法国议会进行了一场旷日持久的、至今仍未有定论的辩论，其主要的

议题是，被破坏地区的居民所得到的赔偿是必须用于重置与以前完全相同的财产还是

可以按照他们的喜好自由使用。很显然，双方的观点都有其问题；前者将会给物主带来

很大的困难和不确定性，可能多年之后，他们中有许多人无法像以前那样有效率地使用

他们的财产，但是又不能自由地在其他地方开创事业；而如果允许这些人拿着他们所得

到的赔款去其他的地方，那么，法国北部那些边远地区将永远不可能得到恢复。尽管如

此，我还是认为，明智的举措应该是基于尽可能大的自由，让经济的动机去找寻它们自

己的去路。

　　2　《战前法国的财富》，1916 年出版。

　　3　《蓝色评论》（Revue Bleue），1919 年 2 月 3 日。这里所给出的数字引自一篇对

法国财富估计和观点表达的极有价值的选粹文章，它构成了由 H.查利奥特（H. Charri-

aut）和 R.哈考尔特（R. Hacault）所著之书《对战争的经济核算》一书的第四章。我所

估计得出的数字，被已经完成的战争修复规模进一步证实。1919 年 10 月 10 日，塔尔

迪厄先生（M. Tardieu）在一次演讲中称："9 月 16 日之前，被摧毁的 2 246 公里铁路

中，有 2 016 公里被修复；被摧毁的 1 075 公里运河中，有 700 公里被修复；遭到轰炸

的 1 160 座建筑（诸如桥梁、隧道等）中，有 588 座被更换；被炮弹击毁的 55 万栋房屋

中有 6 万栋被重新建设；被战争破坏的 180 万公顷耕地，有 40 万公顷已经被再次耕

种，20 万公顷正在准备播种；最后，还有超过 1 000 万米的铁丝网被拆除。"

得到。

尽管如此，杜布伊斯先生（Mr Dubois）在代表议会的预算委员会发言时，仍将 26 亿英镑（650 亿法郎）定为不包括"战争的征没、海上和道路上的损失，或者公共历史名胜的损失"在内的"最低额"。产业重建部部长卢舍尔先生（Mr Loucheur）在 1919 年 2 月 27 日于法国参议院声称，对遭受战争破坏地区进行重建将会耗费 30 亿英镑（合 750 亿法郎），这个数字是雷内·普本先生对法国居民财富估计值的两倍还要多。但是，彼时卢舍尔先生正身居要职，在巴黎和会上极力赞成法国的赔偿要求，像其他人一样，他或许认为，信守真实与爱国情怀的要求无法彼此相容。[1]

81

不过，到目前为止，我们所讨论的数字尚且不是法国赔偿要求的全部。尤其值得注意的是，被占领地区的征收与征用，以及法国商业船只在海上遭到德国巡洋舰和潜艇攻击所带来的损失，都没有算进上文所讨论的数字之内。弥补这些赔偿要求，可能 2 亿英镑已然足够；但是，为了安全起见，且让我们把法国各方面的赔偿要求增加 3 亿英镑好了，虽然这样做多少有点武断。这样一来，赔偿要求的总额就达到了 8 亿英镑。

杜布伊斯先生和卢舍尔先生做出上述声明的时候，在 1919 年的初春。六个月后，也即 1919 年 9 月 5 日，法国财政部部长克劳茨先生（Mr Klotz）在法国众议院发表的演说更为出格，更加难以言之成理。在这次演说中，法国的这位财政部部长估计，法国对财产损害的赔偿要求（可能包括了海上等项的损失，但并不包括抚恤金和赡家费）总计高达 53.6 亿英镑（1 340 亿法郎），比我所估计的数字高出六倍还不止。即便

---

1　在这些估计值中，除了直接的实物损失之外，有一些还包括或有的非实物损失。

有人证明我的数字不正确，克劳茨先生的数字也绝对不可能是合理的。法国的内阁阁员们把法国人民欺骗得如此之深，一旦真相大白于天下——而且这也必将会很快到来（它取决于法国自己的赔偿要求和德国满足这些要求的能力）——其所带来的不利影响，将不仅使克劳茨先生本人受到打击，而且也会打击到他所拥护的政府和社会。

如果以当下的现实情况为基础，那么，英国的赔偿要求事实上当仅限于海上的损失——船只和货物的损失。当然，遭到空中袭击和海上炮击的平民所蒙受的财产损失，也应该获得赔偿。但是，就我们所说的这些数字而言，所需要的赔偿金额是微不足道的，区区 500 万英镑或许就可以涵盖一切，若有 1 000 万英镑那就一定绰绰有余。

英国商船因敌国战争所遭受的损失，除去捕鱼船之外的商业船只，总数为 2 479 艘，毛重总计达 7 759 090 吨。[1]当以何种比率对这些吨数进行补偿，各方观点差异相当之大。若假定毛重每吨作价 30 英镑（由于造船业的快速发展，这个标准很快就会显得过高，从而可能会被当局[2]所偏好的其他标准取代），那么总的赔偿要求当为 2.3 亿英镑。此外，还须再加上货物的损失，但是损失货物的价值几乎只能全凭猜测。如果每一吨位的船只损失中货物损失为 40 英镑，这个估计可能最为合理，如此则货物总损失计为 3.1 亿英镑，这样，船只和货物的总损失即为 5.4 亿英镑。

此外再加上 3 000 万英镑，则可充分地涵纳空中袭击、炮击、被俘虏平民的赔偿要求和其他各种杂项了，这样，英国总的赔偿要求为 5.7 亿英镑。

---

1 其中有很大一部分是在为协约国成员提供服务时所蒙受的损失；这部分一定不能同时包含在他们和我们的赔偿要求中，否则的话就会造成重复计算。

2 上述赔偿数额中，并没有分列入沉没的 675 艘渔船，总的毛重为 71 765 吨，也没有列入 1 885 艘被破坏或被侵害但没有沉没的船只，其总的毛重为 8 007 967 吨。这一事实会抵消可能被高估的重置成本。

也许，英国的赔偿要求在货币价值上与法国相比相差无多，实际上又超过了比利时，这一结果会让人感到惊讶。但是，无论是以英国经济力量的货币损失还是实际损失来衡量，我们商业船只所蒙受的损失都是巨大的。

此外就只剩下意大利、塞尔维亚和罗马尼亚等国因被敌国入侵所造成的损失需要赔偿了，这些国家以及其他国家——例如希腊[1]——因海上的损失而要求赔偿。现在我为便于讨论起见，假定这些赔偿要求都是针对德国提出来的，而不去管到底是由德国的盟国还是由德国直接造成。不过，我不打算把俄国的赔偿要求也加入进来进行讨论。[2]意大利因为被敌国入侵以及海上的损失不是那么严重，5 000 万到 1 亿英镑就足以涵盖这些损失了。尽管从人道主义的立场来看，塞尔维亚所遭受的苦难最为深重，[3]但是，由于该国的经济发展程度较低，所以以金钱来衡量这些损失的话则并不是很大。斯坦普博士在上述引文中引用了意大利统计学家马洛伊（Maroi）给出的一个估计数字，认为塞尔维亚的国民财富为

---

1　希腊由于地处地中海，战争造成商业船只的损失也非常之大；但是这些损失全是为其他盟友提供服务的时候所遭受的，都已经由盟友直接或间接地进行赔偿了。希腊商船在为自己国家服务时遭受的损失并不是很大，因此赔偿要求也不是很大。

2　在这个问题上，和约有一项保留条款："协约国和同盟国形式上保留俄国在当前条约基础上从德国获得归还财富和赔偿的权利。"（第 116 款）。

3　迪奥里奇博士（Dr Diouritch）在他所著《南斯拉夫国家经济与统计调查》一文（《皇家统计学会学刊》（*Journal of the Royal Statistical Society*）， 1919 年 5 月）中，对于生命的损失，他引述了一些不同寻常的数字："根据官方的统计表格所给出的信息，截至上次塞尔维亚发动攻势为止，塞尔维亚在战场上或在关押中死亡的人数达 32 万，这意味着塞尔维亚 18 岁到 60 岁的成年男子中的一半，死在了这场欧洲战争之中。此外，根据塞尔维亚医务当局估计，大约会有 30 万人死于国内的斑疹伤寒症，估计有 5 万人死于敌人的集中营。在塞尔维亚两次撤退和阿尔巴尼亚撤退期间，死亡的小孩和年轻人估计有 20 万。最后，在敌人占领塞尔维亚的三年时间里，由于食物和医疗护理的缺乏而死亡的人估计达 25 万。"总之，他认为死亡人数超过了 100 万，或超过了原塞尔维亚地区人口的三分之一。

4.8 亿英镑，或者人均 105 英镑，[1] 而且其中很大一部分是并没有遭受永
久性破坏的土地所代表的财富。[2] 由于数据材料的不足，所以我基本上只
能猜测这些国家合法的赔偿要求中大概的数目，与其对这些国家逐个给
出猜测，不如一次性地给出一个总的猜测数字来，我把这些国家的赔偿
要求总额定在 2.5 亿英镑。

最终，我们可以得到下表所列的情况：

表 2

| 国 别 | 赔偿额（百万英镑） |
|---|---|
| 比利时 | 500[3] |
| 法 国 | 800 |
| 英 国 | 570 |
| 其他协约国 | 250 |
| 总 计 | 2 120 |

上述的这些数字，许多是从猜测中得来，其中关于法国的数字可能
尤其容易招致批评，给读者留有这样的印象，本非我之所愿。但是，总
的数额与精确的数字尽管有所差别，当不至于谬以千里，对此我还是感
到颇为自信。我或许敢这样说：按照停战前各协约国对停战协定的解 84
释（上述数字的取得即基于这样的原则），对德国的赔偿要求一定会落在
16 亿英镑到 30 亿英镑之间这个区间。

这个数目，是我们有权向敌人提出赔偿要求的总量。出于种种因由

---

1　《如何估算意大利和其他主要国家的财富》（ *Come si calcola e a quanto ammonta la richezza d'Italia e delle altre principali nazioni* ），于 1919 年出版。

2　塞尔维亚当局提出的很大一部分要求包含很多间接和非实物损害的假想项目；但是，这些在我们的公式中是不被实际接纳的。

3　假设比利时的赔偿要求大约为 2.5 亿英镑，包含了由比利时的盟国提供的贷款所支付的一般性战争费用。

（这些将在稍后予以充分地展现），我认为最为明智和公道的做法就是要求德国政府在和平谈判中接受总额为 20 亿英镑作为最终的解决方案，而不必再穷究细目。这就可以给出一个明确、直接的解决方案，而如果能够对德国给予一定的宽容和理解，则德国未必不能完全就这个向它要求的数目进行支付。这个总数本应该在各协约国之间以现实的需要和一般的公正为基础进行分配。

但是，这个问题并没有按照其本身的是非曲直进行解决。

## II. 和会与和约条款

我相信，在停战之时，协约国那些负责任的政治家并不会期望从德国取得超过其直接实物损失的赔偿，这些损失包括协约国领土被侵略以及潜艇战所带来的损失。彼时，人们对德国是否打算接受我们的条款深表怀疑，毕竟条款在其他很多方面无疑都是非常严厉的。当时协约国的舆论并不能预料货币赔偿数额当为多少，而且在任何情况下可能都无法保证这样的赔偿要求会得到实现，这个时候去冒因此而使战争持续下去的风险，会被人认为缺乏政治家的风度。虽然我想法国人始终不会接受这种观点，但这又的确是英国的态度。停战协定的框架，正是在这样的氛围下确立起来的。

一个月之后，风向彻底改变。我们发现德国所处的情势实际上是多么地无望。而它所处的这种形势，（虽非所有人但）还是有人预见到了的，只是没有人敢以百分之百的信念对之加以肯定罢了。很显然，如果我们决定要让德国无条件投降，我们也是可以做到的。

但是，在这种形势下，还有另外一个对各个具体的国家来说更为重要的新因素。英国首相劳合·乔治认识到，随着战争的结束，他赖以建立其个人权势的政治联盟可能很快就会陷入分裂，如果他放任政敌成熟起来，那么，伴随战争结束而出现的军队复原问题、工业部门由战争状态向和平状态过渡的问题、财政状况、人们心理上的总体变化与反应等等之类的国内困难，就会给他的政敌制造出用来攻击他的强大武器。因此，巩固其权势（这一权势是个人的，而且独立于党派和规则，一定程度上来说，这在英国很不常见）的最佳机会，显然就在于趁着胜利所带来的声望减弱之前积极行动起来，凭借当时的社会情绪，建立起一个新的权力基础，以求在不久的将来无可避免的反对浪潮到来时能够渡过难关。所以，在停战之后的一个很短的时期内，劳合·乔治即以胜利者的姿态，在其影响力和权威处在巅峰状态时颁布法令，举行大选。这在当时被广泛认为是不道德的政治行为。若为公众的利益计，应当暂缓选举，直到新时代的问题微露端倪，国家在一些事情上表明立场并选派出新的代表时再来进行。但是，出于私人野心的需要，压倒了其他一切。

一切曾一度进行得十分顺利。但是，随着选举的进一步深入，政府的候选人发现他们因缺乏有效的呼声而陷入了不利境地。战时内阁以赢得了战争为由，要求继续掌权。但是，部分由于新的问题尚未露出端倪，部分则出于联合政党内的微妙平衡之考虑，首相对于未来的政策，或讳莫如深，或大而化之，并不涉及具体的内容。因此，选战似乎变得有些平淡。根据之后的一系列事件来看，联合政党似乎并不曾处在真正的危险中。但是，政党的高层很容易就"风声鹤唳、草木皆兵"。首相的那些更加神经质的智囊们告诉他，他仍然有遭到对手攻击的危险，而首相居然听信了他们的话。政党的高层需要更多"活力"。首相就为他们找寻了一些。

如果我们把首相继续掌权作为基本考虑，接下来的事情就顺理成章了。在这个当口，有一些人士不断喧嚷，认为政府没有明确地做出承诺

86

"不轻易放过那些德国人"。休斯先生（Mr Hughes）[1] 因其要求巨额赔款而备受关注，[2] 诺斯克里夫勋爵（Lord Northcliffe）[3] 对这一主张也给予了有力的支援。这就为首相提供了一石二鸟的机会。通过采取休斯先生和诺斯克里夫勋爵的政策主张，他可以封住那些有影响力的批评家之口，让他们不再有理由继续批评，同时又为他的政党高层人士提供了一个有效的平台，去平息来自其他方面日益高涨的批判之声。

1918 年大选的过程可谓是一段令人深感遗憾而又极富戏剧性的历史，它暴露出了首相的弱点：他并不是从自身真实的冲动中觅得其主要的灵感，而是从暂时围在他周围的气氛之重大变化中取得。通常而言，人的自然本能总是正确而合理的，首相的自然本能也是一般无二。他自己也不认为应该把德国皇帝送上断头台，也不认为巨额的战争赔款是明智之举或者存在实现的可能性。11 月 22 日，他和博纳尔·劳先生（Mr Bonar Law）[4] 发表了他们的竞选宣言。这份宣言并未言及上述两种情况中的任何一种，而只是谈到裁军和国际联盟，宣言以这样的陈述作结："我们的首要任务是必须达成一项公正而持久的和平条约，以此奠定新

87

---

1　即比利·休斯（Billy Hughes，1862—1952 年），澳大利亚政治家，1915 年到 1923 年担任澳大利亚第七任首相。——译者注

2　为了休斯先生的荣誉，我们必须得说，从停战前协商的第一次谈判开始，他就认为，我们对所有战争费用均有权要求赔偿，对于我们业已达成的这些协定，他表示抗议，而且公开表示他不同意这些协定，并认为自己不受这些协定的约束。他之所以如此愤慨，可能部分缘于这样一个事实：澳大利亚并未遭到战争破坏，因此，如果对我们的权利进行更多限制性解释，那么澳大利亚将根本无权要求战争赔偿。

3　诺斯克里夫勋爵（Lord Northcliffe，1865—1922 年）又称北岩勋爵，原名艾尔费雷德·查尔斯·威廉·哈姆斯沃斯（Alfred Charles William Harmsworth），是英国现代新闻事业创始人。——译者注

4　即安德鲁·博纳尔·劳（Andrew Bonar Law，1858—1923 年），英国保守党政治家，曾担任英国首相，出生于加拿大，是唯一一位出生在英国本土之外的首相。——译者注

欧洲的基础，避免新的战争发生。"国会解散的前夜，首相在伍尔夫汉普顿市发表的演讲中，只字不提赔偿或赔款事宜。第二天，在格拉斯哥市，博纳尔·劳也没有做出任何承诺。"我们即将去参加和会，"他言道，"作为协约国方面的一名成员，作为政府工作人员，无论他个人持有什么样的想法，你都不能期望他在去到和会之前公开申明他关于任何具体问题持有的底线是什么。"但是，几天之后的 11 月 29 日，在纽卡斯尔市，首相开始对自己的立场有所透露："昔日德国战胜法国，即要求法国赔款。这正是德国自己确立的原则。以彼之道，还施彼身。它所确立的这一原则是毋庸置疑的，我们将继续按照这一原则行事——德国必须倾其所有，来赔偿我们的战争费用。"不过，在对这一原则进行表述时，首相还同时就此种情况下面临的实际困难给出了不少"警告之语"："我们业已任命了一个阵容强大的专家委员会，可以代表各方发表意见，会非常细致地对这一问题进行综合考虑，然后为我们提供建议。无疑，对赔款的要求是正当的。德国应该赔偿，它必须竭尽所能进行赔偿，但是，我们不会让它以破坏我们的工业体系的方式进行赔偿。"在这个时期，首相寻求表达的是，他打算以更为严厉的方式处理此事，但又不会对实际的货币赔偿提过分的要求，也不打算在和会上采取某一类特定立场下的行动。当时谣传，有一位金融界的权威人士在表达自己的意见时，认为德国一定可以支付 200 亿英镑，而且即便这一数字再翻上一倍他也不认为有什么大不了。然而正如劳合·乔治所透露的那样，财政部的官员对此持有不同的观点。因此，不同的顾问，观点纷纭，大相径庭，在这一切背后，首相隐身遁形，把德国赔偿能力列为未决问题来处理，并且表示，对于这个问题，他一定会为了国家的利益尽力周旋。而关于我们在"十四点计划"下达成的约定，他则始终缄默如初。 88

11 月 30 日，战时内阁中被认为是工党代表的内阁成员巴恩斯先生

(Mr Barnes) 在讲演台上高呼"我主张绞死德国皇帝"。

12 月 6 日，劳合·乔治发表政策演说，对欧洲一词重点强调了一番，他称："所有欧洲的协约国均同意这样一条原则，那就是同盟国必须倾其所有来赔偿战争费用。"

但是，此时距离投票日还有一周多点的时间，而首相在演讲中给出的信息还是不能满足人们的愿望。12 月 8 日，《泰晤士报》一如既往地为了迫于同行一边倒的压力，也给出了表面来看冠冕堂皇的理由，在一篇题为《让德国赔偿》的社论中宣称："首相不同的表述，依旧让公众思想混乱。"该报的政治通讯记者还写道："人们对那些关于轻饶德国所带来的影响结果，仍然存在着诸多猜疑，而唯一可能决定德国支付数额的因素，必须是协约国的利益。""作为候选人，他应该处理的是摆在眼前的问题，采纳巴恩斯的吁求'绞死德国皇帝'，并提高德国对战争费用的支付，唤醒民众，紧紧抓住他们反应最强烈的问题。"

12 月 9 日，在皇后礼堂 (Queen's Hall) 的讲演，首相回避了这个话题。不过，从这个时候开始，思想和言辞的恣意发展，无时无刻不在汹涌。其中最为极端而粗劣的当属埃里克·盖德思爵士（Sir Eric Gedds）在剑桥市政厅的演说。在更早的一次演讲中，对于从德国获取所有战争费用的可能性，他进行了质疑，这种坦率的风格，颇不合时宜，显然缺乏审时度势的明智，这使他成为备受质疑的对象，因此，在剑桥市政厅的演说为他重新拾回了名声。"我们要像榨柠檬汁一样，从德国取得全部赔偿，甚至还要更甚。"这位对前一次演讲大表忏悔的绅士如此叫嚣道，"我将压榨德国，直到你们可以听到它吱吱乱叫。"他的政策是要拿走德国在中立国和协约国的一切财产，把德国所有的金银珠宝、画廊和图书馆里的名画珍品，一并卖掉，用来偿还协约国。"我将剥夺德国，"他叫嚷着，"就像它以前剥夺比利时一样。"

到了 12 月 11 日，首相屈服了。在这一天，他向选民发表了最后的六点宣言，这份宣言与他在三个星期之前的计划形成了鲜明的对比。我在这里将它们全部引述如下：

1. 审判德国皇帝。

2. 对战争暴行负有责任的人要予以惩罚。

3. 从德国索取最大可能的赔偿。

4. 英国要从社会上、工业上为英国人服务。

5. 对战争中受到损害的人士进行补偿。

6. 为全体国民建设更加幸福的国家。

首相的这番表现成了讽世者（cynic）的笑料。三个星期的选举运动，遂使英国最有权势的统治者，被这贪婪与感伤、偏见与欺骗的混合之物所征服。就在不久之前，此人还堂而皇之地侈谈裁军和国际联盟，宣称应该把新欧洲建立在公正和持久和平的基础之上。

就在同一天的晚上，首相在布里斯托尔实际上已经收回了他先前所做的承诺，并为其赔偿政策确立了四条原则，我在这里择其主要列举如下：第一，我们拥有对所有战争费用要求赔偿的绝对权利；第二，我们建议对所有战争费用要求赔偿；第三，内阁任命的一个委员会认为，这是可以做得到的。[1]四天之后，他就去了投票现场。

首相自己从未说过他相信德国能够支付所有的战争费用。但是在竞选活动中，从他的支持者口中，这一计划变得极为具体。这使得普通投 90 票者认为，德国即便不能支付全部的战争费用，也一定可以支付其中的绝大部分。战争的代价令其对未来心生畏惧，从而变得更加实际和自私

---

1 全部的战争费用估计在 240 亿英镑以上。这将意味着扣掉偿债基金之后每年的利息支出即达 12 亿英镑之多。哪个专家委员会曾如此报告称德国能够支付这一大笔钱？

自利的人，以及此次战争大大扰乱了其情绪的人，都可以由此得到安慰。把票投给联合政党的候选人，就等于是把那些反基督者钉在了十字架上，就意味着德国要承担起对英国的债务。

事实证明，这是一种颇为诱人的联合，再一次表明劳合·乔治先生的政治本能是毫无差错的。没有哪个候选人可以安然地对这一计划进行谴责而不觉得有什么不妥，也不会有人真的这么来做。自由党已经老迈，无法向选民提供任何可以与之相比的计划，在渐渐走向衰亡。[1]一个新的英国下议院已经形成，其中大多数的成员自己做出的承诺要比首相做出的还要多得多。在他们到达威斯敏斯特之后不久，我就曾问过一位保守党的朋友——他对上一届下议院的那些人有些了解——他是如何看待这些人士的。这位朋友言道："他们是一群面容凝重、一脸正气的人，看起来好像如果处理战争之外的事情还可以干得不赖。"

这就是首相奔赴巴黎之前的气氛，其间的诸多纷扰皆是他自找的。他向自己、向他的政府承诺对一个无能力进行支付的敌人要求赔偿，这些赔偿要求与我们先前与之订立的那些严肃庄重的协定又相冲突，而敌人之所以放下了手中的武器，正是因为他们对这些协定的笃信。历史上几乎没有什么时刻，会像现在这样让后世子孙不能饶恕——一场冠冕堂皇的，以捍卫国际和约神圣性的战争，其结果竟然是以持有这一理想的

91 战胜之国明目张胆地背叛其中最为神圣的约定而告终。[2]

---

1　而不幸的是，他们并没有随着飘扬的光辉旗帜继续走下去。出于各种原因，他们的领导人一直保持着相当程度上的沉默。如果在人们对欺骗、诡诈和侮辱进行强烈抗议的整个过程里他们曾遭受过失败，那么现在他们的领导人在对国家前途、命运的估量中，站在了一个多么不同的立场之上了呀。

2　写下这样一段话，我是在经历了痛苦的思考之后才做出的。英国的主要政治家们没有哪一个站出来反对，这让人觉得我们一定是犯了某种错误。但是，我相信我对所有的事实已经尽皆明了，我可以保证没有犯下这样的错误。不管怎么样，在第四章和第五章的起始部分，我已经列出了所有相关的协定，所以读者可以做出自己的判断。

我们暂且将这件事情的其他方面搁置在一旁，我认为，发起一场确保德国支付战争总费用的运动，在政治上极不明智，我们的政治家要永远为此担负其责。对于欧洲我们可以希冀的将来若要是有什么不同，端赖于劳合·乔治首相或威尔逊总统是否能够认识到，最需要他们关注的最严重的问题，不是政治或疆界问题，而是财政与经济问题；在于他们是否能够认识到，将来的安危并不系于疆界和主权之上，而在于食物、煤炭和交通运输条件之中。而他们两个人没有哪一个在和会上对这些问题给予足够的重视。但是，无论如何，睿智而合乎理性地对这些问题加以考虑的气氛，尽为英国代表团在赔款问题上的任务所遮蔽。首相之所为，令英国国民产生了期待，这种期待不但迫使首相不得不尽力鼓吹一个在不公平也不可行的经济基础上达成对德和约，而且也使得他和威尔逊总统产生了分歧，另一方面，也使他不得不与法国和比利进行利益上的争夺。而实际上，能够从德国得到的赔款是非常有限的，这一点越是明显，政治家们就越是需要利用贪婪的爱国情怀和"神圣的自大情结"，从法国更为正当的赔款要求以及更加迫切的需要中抢夺过来一块骨头，从比利时那有理有据的期盼中攫来一部分赔款。然而，贪婪并不能解决欧洲即将面临的经济问题。**这些问题解决的可能性，有赖于战胜一方对待败者的宽宏大量。**

欧洲要想渡过难关，尤其需要美国的宽宏大量，欧洲自己也要身体力行，同样做到宽宏大量才行。协约国刚刚劫掠完德国，接着又互相劫掠，然后再向美国求救，让美利坚合众国再把欧洲各国——也包括德国——重新恢复元气，如此作为，实在是毫无意义可言。如果 1918 年12 月的大选结果，是谨慎的慷慨，而非愚蠢的贪婪，那么，现在欧洲的财政境况或许会好上许多。我依旧认为，在和会中主要的会议召开之前，或者在和会初期，英国代表本应该与美国代表一道，从总体上深入 92

地探讨经济和财政形势，而且关于一般性的原则，英国代表本应该被赋予提出具体建议的权利，这些建议包括：(1) 协约国之间所有债务一律取消；(2) 德国赔款总数固定在 20 亿英镑；(3) 英国放弃参与分享赔款的全部诉求，并将它应得的份额交给和会，用于改善即将建立那些新国家的财政形势；(4) 为能够马上获得信用的基础，所有缔约国均应为德国赔款总数中的一定比例提供担保；(5) 为了恢复以前敌对国家的经济，还应允许它们相互发行适量的债券，从而起到类似的担保作用。这些提议都呼唤美国能够慷慨大度一些。而且提出这样的要求终究也是不可避免之事。同时，鉴于在战争之中美国的财政牺牲相对而言远要小一些，所以，向它提出这样的要求也在情理之中。这些提议原也是现实可行的。这当中并没有什么堂吉诃德式或乌托邦式的内容。并且，这些提议原本也是可以为欧洲的财政稳定和重建带来某种值得期待的前景的。

不过，对于这些思想进一步的详细阐发，留待第七章做出，现在，我们必须把思绪拉回到巴黎。我已经在上文描述了劳合·乔治给自己带来的诸多牵绊。其他协约国财政部部长们的处境甚至更加糟糕。在英国，我们的财政安排尚且不至于依赖对赔款的任何期待。若能得到这笔赔款，或多或少可以将之视为一笔意外之财；尽管嗣后有一些其他的发展变化，但是在当时确实有使用常规的办法来平衡我们预算的打算。但是，法国和意大利的情况显然大为不同。如果不对现行的政策进行某种较大幅度的修改，它们的和平预算绝无实现平衡的可能，而且它们也不打算去平衡。实际上，这种状况差不多已经没有什么解决的希望可言。这些国家在财政上奄奄待毙，正在走向破产的边缘。只有把希望寄托在从敌人那里获得大量赔款，才能掩盖这一事实。一旦承认他们从德国获取赔款在事实上并无可能，而且把债务推卸到敌人身上也不可行，这个时候，法国和意大利的财政部部长恐怕就职位难保了。

93

所以，对德国的赔款能力进行科学的考虑，从一开始就是无法办到的。政治上的迫切需要使得提高期望成为必要，而期望与事实相距如此遥远，以至于若只是对赔款数额稍加扭曲已经不会起到任何作用了，如此一来，完全无视事实也就成了必然的趋势。这种作为结果而呈现出来的不真实状态，具有深刻的根源。在这样的虚假基础之上，要推行任何可行的建设性财政政策，皆属欺人之谈。只就这个原因而论，宽宏大量的财政政策就是必不可少的。法国和意大利两国的财政状况如此之差，除非能够同时给它们指出纾难解困的变通之法，否则的话，在德国赔款的问题上，它们是听不进任何道理的。[1]据我看来，美国对于罹受苦难、心绪烦乱的欧洲，并没有提出什么建设性的议案，这的确是美国代表所犯的一个极大的错误。

值得指出的是，在当时还存在着更深一层的原因，那就是在克里蒙梭先生"打压德国"的政策，与法国财政部部长克劳茨先生（Mr Klotz）所强调的财政上的必要性，二者是相互对立的。克里蒙梭的目的是要无所不用其极地来削弱和摧毁德国，我猜想他其实一直都不大瞧得上赔款问题，他也无意让德国拥有大规模的商业活动。而且他没有劳力费神地去了解赔款或可怜的克劳茨先生所要面对的深重的财政困难。如果在条约中加入几项巨额赔款条款来满足一下财政方面的人士，这并没有什么危害；但是，满足这些需要，一定不能干涉迦太基式和平所需要达到的那些基本要求。克里蒙梭对于非现实问题的"现实"政策，与克劳茨在非常现实问题上的政策主张相结合，遂使和约包含了许多彼此不相容的

94

---

[1] 在与法国那些并未受到政治考量影响的普通民众谈话时，有关这个方面非常明显。你尽可以劝他说当前这种估计实在荒谬不堪，大大超过德国的赔偿能力，但是他们最后总是要回到他们最开始所讲的那些话："可是，德国一定要赔偿，因为不这样做的话，法国该怎么办？"

条款，其中最为突出的就是，有关赔款的提议本质上是不可能实行的。

在这里，我无法尽述协约国之间无休止的争辩和阴谋，数月之后，在和约的最终成稿中赔款这一章里，这种争辩和阴谋终于达到了最高潮。历史上几乎不可能有哪次谈判像这次这样，如此歪曲事实，如此悲惨，而与会的所有各方却又如此不满。我怀疑，但凡深深卷入这场争论的人，他日在回首这番往事时，是否能够做到心中坦然而不觉得羞愧。而我，必须恪守只去分析世人已经知晓的那些最终的妥协结果这一原则，不越雷池半步。

当然，需要予以解决的重点在于，我们可以正当地就哪些项目要求德国进行赔偿。劳合·乔治先生的选举誓言称，协约国**有权**就所有战争费用向德国要求赔偿，这从一开始就明显站不住脚；或者，劝说威尔逊总统坚持我们在停战前达成的协定，在此基础上更加公正地来对待赔款问题，但是很显然，这超出了哪怕是最为善辩之人的能力之外。当条约公之于世的时候，最终达成的是我们将在下面几段中叙述的那些现实的妥协结果。

第 231 款写道："协约国及其联盟国家宣称，并且德国政府也同意，德国及其盟国的侵略扩张导致了战争的爆发，由此给协约国及其联盟国家政府和国民所造成的一切损失和毁坏，德国及其盟国负有全部责任。"

95　这一条款起草得谨慎而恰当；之所以这么说，是因为威尔逊总统可以把它解读为德国承认对引发战争负有**道义**上的责任，而劳合·乔治则可以把它解释为德国承认对一般战争费用承担**财政**责任。第 232 款继续写道："由于目前条约其他条款将会导致德国的资源面临永久性的缩减，考虑到这一点，协约国及其盟国政府认为，德国的资源是不足以对所有损失和毁坏进行完全的赔偿的。"威尔逊总统可以这样安慰自己，即认为这不过是对确凿的事实所作的描述而已，承认德国**无法**支付这些赔款要求，并不表明德国有责任支付这些赔款要求；但是，劳合·乔治首相却可以指出，联系条约的前后文，可知这一条款向读者强调的是前一条款所宣称的德国在理论上应该承担的责任。第 232 款继续言道："不过，在协约国及其盟国军队与德国交战期间，德国在海陆空方面的侵略给协约国及其盟国的平民和财产所带来的全部损失（有关于此，大体上所有损失都已在附件 I 中进行界定），德国必须予以赔偿，协约国及其盟国政府责令德国做出这些赔偿，德国也承担了这一责任。"[1] 着重部分实际上是对战前协定中规定的条件进行引用，这一点可以消除威尔逊总统在良心上的不安，然而所增加的文字——"有关于此，大体上所有损失都已在附件 I 中进行界定"——又给劳合·乔治首相留出了机会，让他可以在附件 I 中实现自己的目的。

然而，到现在为止，这一切还只不过是文字游戏而已，所体现的仅仅是条约起草者的精湛技艺，对谁都没什么危害，它们在当时来看似乎非常重要，但时过境迁之后，也就显得没那么重要了。要想了解那些实质性的内容，我们还须将目光转向附件 I。

附件 I 的很大一部分与停战前订立的那些条件是严格一致的，或者可以这么说，即便有些地方有所出入，但不管怎么样在道理上也都是可以说得通的。第 1 段就战争直接导致的平民伤亡为其本人或家属要求赔款；第 2 段就敌人在平民身上施予的暴行、侵犯和虐待行为要求赔款；第 3 段就敌人在占领区或侵占区对平民的健康、工作能力、尊严所做的有害行为要求赔款；第 8 段就敌人强迫平民劳动要求赔款；第 9 段就敌对行为对财产造成的直接破坏（海军造成的破坏以及对军事设施和物资

96

---

造成的破坏除外）要求赔款；第10段就敌人对平民的罚款和征税要求赔款。所有这些赔款要求都是正当的，与协约国的权利相符。

第4段就"战争中对监禁人员的虐待所造成的伤害"要求赔款，从严格的意义上来说，这一要求是颇值得怀疑的，但是根据"海牙公约"，这一要求可能也是正当的，而且所涉赔款金额委实不多。

不过，第5、6、7段的内容就非常重要了。这三个段落就战争期间协约国给予流动人员家庭的离居津贴以及类似支出，和协约国政府当时以及此后为战斗人员受伤或死亡所支付的抚恤金和补偿要求赔款。下文我们即将看到，从财务上看这大大增加了要求赔款的数额，大约是其他所有增加的赔款数额的两倍。

如果仅从情感的角度出发，读者可以很容易地理解，赔款要求中包含这些项目会导致什么样貌似合理的结果。首先可以指出的是，从一般性的公平角度言之，下面的情况是何等的荒谬：一个房子被毁的妇人有权对敌人要求赔偿，而一个她的丈夫在战场上被杀害的妇人却反而无权对敌人要求赔偿；或者说一个被剥夺了农场的农场主有权要求赔偿，而一个她的丈夫被剥夺了营生能力的妇人却无权要求赔偿。事实上，赔款要求中包含抚恤金和离居津贴，很大程度上是因为战前停战条件确定的标准过于**随意**所致。在战争导致的所有损失当中，有些更多要由个人承担，有些则更多由整个社会来平均分担；但是，政府补偿这种方式实际上把很多前一类损失转变成了后一类损失。最符合逻辑的标准，就是要求一个比所有战争费用要少的有限的赔偿，只对那些违反国际条例或公认的战争行为的敌对行动提出赔款要求。可这样的标准要想实施也颇有难度，较之对待比利时（其中立地位得到了德国的保证）和英国（主要损害来自潜艇的违禁行为）的情况，对待法国也太过不利。

无论怎么说，上面列出的这些对情感和公正的呼吁都颇为空洞；

因为国家支付的离居津贴或抚恤金无论从哪一项资金来源中列支，对于它们的接受者来说并没有什么区别，国家从赔款中得到的收入作为对战争总费用的支付，不过是减轻了一般纳税人的负担而已。但重点在于，现在才来考虑停战前的条件是否公正而符合逻辑，或者现在再去对它们加以修正，是否为时已晚；唯一值得争辩的问题是，停战前的条件实际上是否仅仅限于附件 I 中第 1、2、3、8、9、10 段所列的那些对平民人身及财产造成的直接损害。如果文字有意义，条约有约束力，我们没有权利为国家在抚恤金和离居津贴上所支出的战争费用要求赔款，就像我们同样没有权利对其他任何一般性的战争费用要求赔款一样。又有谁打算为我们有权对一般性的战争费用要求赔款来做详细的辩解的呢？

真实的情况是，劳合·乔治首相向英国选民承诺要对所有战争费用要求赔款，同时协约国在停战时对德国做出过不一样的承诺，我们必须在这两者之间进行折中。首相可以宣称，虽然他并没有能够就所有战争费用取得赔款，但是他为此做出了重要的贡献，因为他的承诺始终要受到德国赔偿能力的限制，而现在的赔款清单已经够长，远远超出了一些头脑冷静的权威人士所估计的德国的偿付能力。另一方面，威尔逊总统总结出了一个公式，这使他没有过于明显地失信于人，而且还避免了与盟友们在这个问题上发生争吵，真要是把这个问题摆出来进行公开辩论，那么，那些发自情感和激情的呼声，都会反对于他。鉴于劳合·乔治首相许下的选举承诺，如果不做一番公开的斗争，威尔逊总统几乎不可能期待劳合·乔治首相会放弃这些主张。而且，对抚恤金要求赔款的呼声在所有的国家都具有压倒性的优势。首相再一次展现出了他作为一名高超的政治谋略家的风范。

认真研究条约内容，在字里行间不难发现另外一个更大的困难。

98

这个困难在于，条约没有明确规定德国债务总额是多少。条约的这一特点受到了普遍的批评，它给德国和协约国同样带来了不便，这使德国不知道她该支付多少，而协约国也不知道它们会得到多少。条约预期达成最终结果的那种方式是要在几个月之内将数以十万计的人们对土地、农场建筑物、家禽等所遭受破坏的赔款要求进行合计，这显然并没有什么可行性。合理的方式应该是双方一起确定一个总数，而不必穷究细节。如果这个总数当初在条约中已经确定了下来，那么，我们就可以在更加有条理的基础上寻求对问题的解决。

但是，这又是不可能做到的，原因有两个。第一，有两类虚假的言论在广为散播，一是关于德国的赔付能力，另一类是关于协约国就被破

99 坏地区提出的赔款数量。对这两个数字中的任何一个加以确定，都让人进退两难。要是确定下来的德国有能力赔偿的数额没有大大超出最公正无偏和知识渊博的权威人士的估计，那就一定会远少于英国和法国人民的普遍预期。另一方面，要使确定下来的赔款数额不让法国和比利时人大失所望，这会带来各种挑战，[1]不但可能无法切实实现，而且还将招致德国方面的严厉批评，批评者会认为，德国已经足够审慎，就他们所犯下的罪行也积累了大量证据。

因此，到现在为止，对于政治家而言，最为稳妥的办法就是丝毫也不提及任何数字。而正是从这一需要出发，才产生了那么多关于赔款的复杂条款。

不过，读者们可能还是比较关心我对这些数字是如何估计的，根据赔款这一章的附件 I，实际上的赔款数额到底有多少呢？ 在本章第 I 节，

---

1　这种挑战不仅来自敌对国家，也来自其他协约国。鉴于敌对国资源有限，在确保没有任何一个国家可以要求过多的赔款方面，其他协约国可能会比敌对国有着更大的动力。

我已经估计出，除了抚恤金和离居津贴之外，赔款要求数额为30亿英镑
（这取的是我估计的最大值）。附件I所定的关于抚恤金和离居津贴的赔
款要求并不是基于政府进行补偿时的**实际**成本，而是以条约生效时法国
的标准为基础计算得到的综合数字。这种方法避免了更容易招来批评的
计算方式，即对英美两国人的生命价值估计得高于法意两国人。法国的
抚恤金和津贴在适中水平，没有美国和英国那么高，但是高于意大利、
比利时和塞尔维亚。计算所需要的唯一数据是法国抚恤金和津贴的实际
标准以及各协约国军队动员和阵亡的人数。所有这些数字都不够详细，
不过知道津贴、所包含的人数、阵亡数量等项的一般水平就已经足够， 100
根据这些进行估计不会出现**较大的**偏差。对于抚恤金和津贴，我把增加
的赔款数额估计如下：

表3

| 国　别 | 赔款数额(百万英镑) |
|---|---|
| 英帝国 | 1 400 |
| 法　国 | 2 400[1] |
| 意大利 | 500 |
| 其他国家（包括美国） | 700 |
| 总　计 | 5 000 |

我感觉这个总的数额[2]要比各国单独估计得到的数值更加可靠，对此
我非常有信心。读者们会发现，不管是在哪种情况下，抚恤金和津贴都
会极大地增加赔款总额，实际上是近乎增加一倍。将这一数额加到对

---

1　克劳茨先生估计，在这一项上，法国的赔款要求是30亿英镑（合750亿法郎，
其中津贴130亿法郎，抚恤金600亿法郎，给寡妇的有20亿法郎）。如果这个数字无
误，那么其他国家的赔款数额可能也应该按比例提高。

2　也就是说，我认为这个总额的误差不超过25%。

其他各项赔款的估计值上，我们对德国的赔款要求总额将高达 80 亿英镑。[1]我认为，这个数额是非常高的，实际的结果可能会比这个数字要小一些。[2]在本章的下一节，我们再来讨论这一数额与德国的偿付能力之间的关系，此处只是向读者介绍和约的其他一些细节。

101　　(1) 在赔款要求的总量中，无论最终结果如何，在 1921 年 5 月 1 日之前必须支付 10 亿英镑。接下来我们来讨论实现这一规定的可能性，而且条约本身已经在一定程度上进行了酌减。首先，这个总额里包含了在德国驻军的支出（根据条约第 249 款，这部分大约 2 亿英镑的费用由德国支付）。[3]但条约进一步指出，"为了使德国有能力履行赔款义务，一旦主要的协约国及其盟国认为有其必要，则诸如食物、原材料的供应可以从上面的总额中列支"。[4]这一限制极为重要。如条文所规定的那样，此

---

1　克劳茨先生 1919 年 9 月 5 日对法国议会发表演讲时估计，根据条约，协约国对德国的赔款要求总计约达 150 亿英镑，其中包括一直到 1921 年的利息累加，自该年之后，如果德国每年还偿还 10 亿英镑，则需 34 年方可还清，其中法国每年能够得到 5.5 亿英镑。据报道，"此番演讲（法国将每年从德国收到赔款支付）鼓舞了整个法国，作为对这一演讲的反应，法国的交易所和商业界随即出现了一派弹冠相庆的场面。"尽管这一演讲在巴黎没有遭到任何反对，但是法国的财政和经济前景一面黯淡，幻想破灭所带来的灾难已经为时不远。

2　据我的主观判断，我估计这个数字与准确的数字相比，少则至多达 10%，多则至多为 20%，也就是说，结果当在 64 亿英镑和 88 亿英镑之间徘徊。

3　条约规定，和约签订之后十五年内的全部驻军费用，作为除赔款之外额外增加的项目，德国仍然负有赔偿的责任。只要和约未规定在德国驻军的规模，那么法国就可以把全部的常规部队驻扎在德国，将负担从本国纳税人头上转嫁给德国纳税人（尽管这些费用实际上并不是由德国来支付，而是由法国的盟国来支付，因为德国已经达到了其赔款能力的极限，法国的做法只会减少其盟国得到的赔款。）然而，美英法三国政府联合发布的一份白皮书（Cmd.240）称，"一旦协约国及其盟国确信德国政府令人满意地执行了它们关心的裁军问题"，则德国每年支付的驻军费用最高不超过 1 200 万英镑。着重部分的词句意义重大。这三大强权国家给自己留出了余地，如果它们一致认为有其必要，它们可以在任何时候对协定进行修改。

4　第 235 款。此款的效力由第 251 款得到加强。第 251 款规定，除了食物和原材料之外，"其他支付"也被包含在内。

一条款允许协约国的财政部部长们告诉他们的选民，获得实质性赔款指日可待，同时它也赋予了赔款委员会决断之权，一旦情势紧迫，即可给予德国必要的返还，从而维持其经济上的生存。有了这一自由决断权，要求德国立即支付 10 亿英镑赔款的危害就会小一些，但即便是这样，也不是说就全无害处了。第一，在本章接下来一节的结论当中，我将表明，这一赔款数额是不可能在规定的时间内完成的，即使在实际操作当中为了维持德国对进口商品的支付能力而把其中的较大比例返还给德国，也仍然不会改变这一结果。第二，赔款委员会只有在完全接管德国的对外贸易以及相应的外汇交易时，才可以有效地行使这一自由决断权，但这大大超出了这类机构的能力范围。如果赔款委员会打算认真地收取这 10 亿英镑的赔款，并将其中一部分批准返还给德国，那么，中欧的贸易将会被一个极其缺乏效率的官僚机构给压制住。

(2) 在 1921 年 5 月份之前，除上面所提到的须以现金或实物来支付的这 10 亿英镑之外，条约还要求德国以不记名债券的形式再支付 20 亿英镑；或者，倘若 1921 年 5 月 1 日之前需要以现金和实物形式支付的数额因所批准的扣除额而少于 10 亿英镑，则在这一天之前，德国还需要以现金、实物和不记名债券的形式支付共达 30 亿英镑。[1] 这些不记名债券的年利率在 1921 年到 1925 年期间为 2.5%，之后，年利率为 5%，并且每年还要偿还 1% 的本金。因此，假如德国不能在 1921 年之前为赔款提供可观的额外剩余，则在 1921 年到 1925 年期间，它将每年支付 7 500 万英镑，此后每年支付 1.8 亿英镑。[2]

---

1　这是赔款这一章附件 II 第 12（c）这个段落所带来的结果，这里省去了其他一些次要的因素。条约规定支付用金马克（gold marks）来计算，上文中的数额是按照 1 美元兑换 20 金马克的比率转换而来的。

2　如果德国在 1921 年之前能够以现金和实物形式支付 5 亿英镑（这基本上是不可能做到的），那么在 1921 年到 1925 年期间，它将每年支付 6 250 万英镑，此后每年支付 1.5 亿英镑。

（3）一旦赔款委员会认为德国可以支付得比这更多，那么它就可以要求德国再发行 20 亿英镑年息 5% 的不记名债券，分期付款的利息率由委员会来确定。即便上面所述的 20 亿英镑不计算在内，德国每年也要支付 2.8 亿英镑。

（4）然而，德国的债务并不仅限于这 50 亿英镑，赔款委员会还将要求继续以不记名债券的方式发行分期付款，直到附件 I 中规定的敌国债务全部被清偿为止。按照我给出的总债务 80 亿英镑的估计值这一基础——这个数额一定会被人批评过低而不是过高——余额将为 30 亿英镑。假设年利率为 5%，即便不去考虑本金的收回，每年也要偿还 4.3 亿英镑。

（5）但是，即便是上面这些，也还没有囊括。还有一项极具重要性的条款。这项条款就是，直到赔款委员会认为德国可以支付利息的时候，它才可以额外发行 30 亿英镑的债券。而这并不意味着在此前利息可以予以免除。自 1921 年 5 月 1 日起，凡是没有使用现金、实物或上述的债券形式支付的德国债务，都要计息，[1] 而且"利率为 5%，除非将来某个时间赔款委员会认为环境变化使得利率应当另行调整为止"。这就等于说，债务总额一直是以复利的形式在越滚越大。假如德国一开始无法支付巨额赔款，那么，这一条款就将极大地增加德国债务的负担，5% 的复利会使得债务总额在 15 年内翻上一番。假如德国在 1936 年之前最多才能支付 1.5 亿英镑（即 30 亿英镑 5% 的利息），那么没有支付利息的 50 亿英镑将会上升到 100 亿英镑，每年支付的利息达 5 亿英镑。也

---

1 赔款章附件 II 的第 16 段。还有一条比较隐蔽的规定，根据这条规定，可以对"1918 年 11 月 11 日开始，到 1921 年 5 月 1 日这一期间物质损失额"计取利息。这似乎把对财产造成的损害，与对人身造成的损害进行区别，而对前者有所倾斜。这不会影响到抚恤金和津贴，这些费用在条约生效之时即予以资本化。

就是说，即便德国在 1936 年之前每年支付 1.5 亿英镑，到了这一年，它 欠我们的还要比现在多出一半来（130 亿英镑与 80 亿英镑相比较）。从 1936 年开始，仅仅支付利息这一项，德国每年就要支出 6.5 亿英镑。如 104 果它在任何一年支付少于这一数额，那么在该年的年末所欠之数额比年 初还要多。而如果德国想在 1936 年之后的 30 年——即自停战之日算起 48 年——内偿还完本金，则每年必须额外支付 1.3 亿英镑，总计高达 7.8 亿英镑。[1]

根据我的判断，德国根本不可能支付得起接近这一数额的赔款，这 一点是非常肯定的，原因我稍后会来详述。因此，除非条约发生改变， 德国实际上是要永远地将它全部的剩余产品都交给协约国。

(6) 并不因为赔款委员会有改变利息率、推迟乃至取消资本债务的 专断权力，情况就会有所缓解。首先，如果委员会或其代表的政府们彼 此难以达成**一致意见**，[2] 则其中有些权利也是无法行使的。不过也许更重 要的是，赔款委员会的**职责所在**，就是年复一年地从德国榨取尽可能多 的赔款，一直到协约国之间达成一致意见或和约政策发生重大改变。给 出一个明确的总数，即使十分庞大但仍在德国的支付能力范围之内，至 少还可以为德国留下点东西。确定一个大大超出德国支付能力的数额， 而让一个以每年获得尽可能多赔款为目标的外国委员会来决定是否减少 赔款数，这二者之间是有着巨大差异的。前者仍然可以为德国留下那么 点儿进取心、活力和希冀。而后者则是年复一年地对德国永远进行严厉

---

1 德国从一开始要能够全额支付利息和偿债基金，则每年需要支付 4.8 亿英镑， 这样的假定不会有人支持，即便是那些最为乐观的人士也不会认为它有实现的可能。

2 根据附件 II 第 13 段，以下情况须全体一致同意方可实施：（1）应当在 1921 年 到 1926 年间偿还的债务本金要延期到 1930 年以后再偿还；（2）1926 年以后，债务本 金的偿付延期在 3 年以上的。除了这些以外，根据第 234 款，没有赔款委员会所代表的 所有政府的明确授权，赔款委员会不得取消任何部分的债务。

105 的盘剥，[1]在这当中无论多么熟练、多么谨慎地实施这一手术，如何确保病人不会被杀死，而只要付诸行动并切实地得到执行，那这个政策就会很快被人们认定是人类文明史上战胜者最残暴的行为。

条约还规定了赔款委员会的其他一些极为重要的职能和权力。不过这些我们还是专门辟出一个小节来处理最为方便。

## III. 德国的偿付能力

德国可以用来清偿其所欠债务的财富形式有以下三种。

(1) 以黄金、船只和国外有价证券形式拥有的可以立即转手的财富；(2) 割让领土之内的财产或停战时交付的财产之价值；(3) 按年分摊的收入，其中部分是现金，部分是以煤炭产品、碳酸钾和染料等形式体现的实物。

上述这三项财富不包括在占领区应当归还的财产，例如，俄国的黄金，比利时和法国的有价证券、牲畜、机器和艺术品。至于那些可以辨识其所有者和交还的实际物品，自然必需物归原主，不能将之归入一般的赔偿项目。条约第 238 款对此有明确的规定。

### 1. 可以立即转手的财富

(a) 黄金。根据 1918 年 11 月 30 日德国国家银行的报告，扣除掉应当归还给俄国的黄金之后，德国政府持有的黄金总价值为 115 417 900 英镑。这个数额比德国国家银行在战前的报告中给出的数额要大得多，[2]这是德国在战争期间通过强力动员使德国国民交给德国国家银行金币和各

---

1　原文 skins her alive，直译为"活剥"，这一语义与上下文也切近，但是翻译成这样的中文词句则显得过于刺眼，这里采用比较温和的"盘剥"一词。——译者注

2　在 1914 年 7 月 23 日，这个数额为 6 780 万英镑。

类黄金饰品的结果。私人的黄金储藏无疑还是会有一些，但是，由于 106
德国政府的动员力度较大，所以，无论是德国政府还是协约国，都不可
能再把这部分剩下来的储备给挖掘出来了。因此，报告中所给出的这个
数字可能可以代表德国政府能够从它的人民那里取得的最大数量。在德
国国家银行，除了黄金之外还有总额约为 100 万英镑的白银。不过，肯
定还有更多的白银在流通，因为德国国家银行持有的白银在 1917 年
12 月 31 日曾高达 910 万英镑，即便迟至 1918 年 10 月后半期，当人们争
先恐后地用各种通货去兑换白银的时候，国家银行所持有的白银仍然高
达 600 万英镑。[1]因此，我们可以把停战时德国的黄金和白银总值定为
1.25 亿英镑。

不过，这些储备已经不再是完好无损的了。在从停战到订定和约这
段漫长的时期内，协约国必须向德国出口粮食，才能维持德国的食品供
应。就协约国自身的利益来看，如果它们希望德国有一个稳定的政府从
而可以与之签订条约，那么，鉴于当时德国的政治环境和斯巴达克斯主
义[2]的严重威胁，就使得这样做极为必要。然而，德国如何对这些粮食供
应进行支付，已经成了一个最困难的问题。协约国和德国的代表在特里
尔、斯帕、布鲁塞尔、维勒班城堡和凡尔赛举行了一系列会谈，其目的
就是要找到一种对未来德国的赔款能力损害最小的支付方式。从一开始
德国代表就坚称，德国的财政目前来看已然是山穷水尽，增加临时贷款
是协约国唯一可能的权宜之策。彼时，协约国正磨刀霍霍，打算从德国

---

1 由于马克贬值和白银升值的双重作用，德国的银币存在很高的溢价，因此，从
德国国民的口袋里再榨取这些银币，基本上已经是绝无可能的了。但是，通过私人投机
商，这些银币还是会逐渐地流出德国，并因此而间接地使整个德国的外汇地位得到
改善。

2 即德国的布尔什维克主义。——译者注

107  攫取巨额的直接赔款，自然很难接受这样的要求。但是，除了这一点之外，只要德国人的黄金还没有动，他们手中的外国有价证券还没有出售，那么，德国的要求就不可能被认为是完全确当的。无论怎样，在1919年春天，协约国或美国的舆论是不可能允许向德国提供一笔数量可观的贷款的。另外一方面，协约国当然也不愿意德国把数量不多的能够确定充当赔款支付的黄金耗竭在粮食的供应上。为了寻找所有可能的替代办法，各方已经花费了大量的时间。但是最终很显然的是，即使德国的出口和可出售的外国有价证券价值足够高，要想及时将它们变现也是做不到的，而德国的财政状况已然是山穷水尽，除了德国国家银行的黄金之外，并没有什么可以马上取得的大宗款项。因而在1919年的前六个月，总额超过5 000万英镑的国家银行的黄金，从德国流入协约国（主要是流入美国，不过英国也得到了相当大一部分），为的是对进口的粮食进行支付。

但这还不是全部。尽管德国同意，根据最初的停战协议，在没有得到协约国允许的情况下不会输出黄金，但是，要真想取得这种许可，恐怕也不是经常可以办到的。德国国家银行对邻近的那些中立国家负有债务，除了黄金别无其他可以用来偿还。如果德国国家银行不来偿还这些债务，那么，此举则会使德国的货币贬值，从而损害德国的信用，致使德国未来的赔款前景受到影响。因此，在某些情况下，协约国最高经济委员会将会允许德国国家银行输出黄金。

这些措施的最终结果是，德国国家银行的黄金储备因之减少了一半还要多，数额从1.15亿英镑下降到1919年9月的5 500万英镑。

108  根据条约的规定，余下的黄金储备可能要全部用于赔款。然而，这个数字尚且不到德国国家银行发行的纸币价值的4%，将之完全用于赔款所引发的心理反应可能会彻底摧毁德国马克在外汇交易市场上的价值

（国外还持有着数量非常庞大的马克）。为了一个特定的目的，可以从这余下的储备中提取 500 万英镑、1 000 万英镑，甚或是 2 000 万英镑。但是，我们可以这样猜测，赔款委员会可能会认为这样做过于鲁莽，将使赔款支付的前景大受影响，从而完全摧毁德国的货币体系，尤其是法国和比利时的那些被德国占领过的地区尚且有大量的马克在流通，因此这两个国家的政府除了关心赔款的前景之外，也将会极有意来维持马克的外汇交易价值。

因此，综上可知，对于 1921 年到期的 10 亿英镑的初始赔款，无论是以黄金还是以白银的形式，都不可能得到支付。

(b) **船只**。前文我们已经看到，德国已经向协约国交付了其全部商业船只。实际上，其中相当大一部分在和约缔结之前就已经落在了协约国手中，有的是在协约国港口被扣留，有的是根据布鲁塞尔有关食品供应的协议而临时达成的吨位转让。[1] 根据条约转让的德国船只，其总吨位大约为 400 万吨，平均每吨价值 30 英镑，总的货币价值为 1.2 亿英镑。[2]　109

(c) **外国有价证券**。1916 年 9 月，德国政府曾对外国有价证券进

---

　　1　前已提及，停战期间协约国向德国提供食品，其条件是德国临时将大部分商业船只转让给协约国，用它们来向欧洲尤其是德国运输粮食。德国人不情愿同意这个条件，这带来了长时间而且严重的粮食供应方面的延误，但是，中断的特里尔和斯帕谈判（1919 年 1 月 16 日，2 月 14—16 日，3 月 4—5 日）最终还是通过布鲁塞尔谈判达成了协议。德国人之所以不愿意缔结此项协议，乃是因为它对协约国能否提供切实的保证（如果德国交出船只就一定可以得到粮食）这方面缺乏信心。但是，如果对协约国抱有信心（然而根据停战协议的其他条款，协约国的行为并非没有瑕疵，这就给了敌对国心怀疑虑的正当理由），协约国的要求也不是不合理；因为如果没有德国的船只，则粮食的商业运输即便不是不可能，也将非常困难，而且事实上，德国交付的船只或者其他同类的交通用具，几乎全部用在了向德国输送粮食上面了。截至 1919 年 6 月 30 日，根据布鲁塞尔协议，共有 176 艘总计 1 025 388 吨位的船只交付给了协约国。

　　2　转交给协约国的吨位数量可能比这大，而且每吨的价值也更小。不过，总的价值不可能低于 1 亿英镑，或者不可能高于 1.5 亿英镑。

行普查,[1]其确切的结果迄今也未公诸于世,在这项普查之前,对于这类投资的回报,德国并没有官方的报告,而各种非官方的估计数字皆是根据并不充分的数据做出的,这类数据包括德国证券交易所收取的外国有价证券的交易费用、印花税以及领事的报告等。我这里给出的脚注,是对关于战前德国的外国有价证券所做的最重要的估计。[2]这份数据,表达的是当时德国权威人士的一致性看法,这些人士认为,德国对外国的净投资当在 12.5 亿英镑以上。尽管我认为这一数字有些夸大,但我还是把它作为我所做的计算的基础;而事实上,10 亿英镑可能是一个比较稳妥的估计数值。

在这一总的额度中,必须相应地扣除以下四项。

(i) 德国在协约国和美国的投资在其对外投资中占据了相当大的一部分,这部分投资已经被公共信托委员会、敌对国资产管理局和类似的官方机构没收,只有对各种私人索赔进行支付后,剩余的部分才能用于支付各国的赔款。根据第四章所列出的处理敌对国债务的计划方案,这部分财产的第一清偿对象是各个协约国对德国的私人索赔。除了美国,

110

---

1　这项普查是根据 1916 年 8 月 23 日的法令进行的。1917 年 3 月 22 日,德国政府完全控制了德国人所拥有的外国有价证券的使用。1917 年 5 月,德国政府开始动用这一力量对瑞典、丹麦和瑞士的有价证券进行调整。

2

| 年份 | 估计者 | 价值(百万英镑) |
|---|---|---|
| 1892 | 施莫勒(Schmoller) | 500 |
| 1892 | 克里斯蒂安(Christians) | 650 |
| 1893—1894 | 科赫(Koch) | 600 |
| 1905 | 黑尔(v. Halle) | 800* |
| 1913 | 海尔弗里奇(Helfferich) | 1 000** |
| 1914 | 鲍洛德(Ballod) | 1 250 |
| 1914 | 皮斯托瑞斯(Pistorius) | 1 250 |
| 1919 | 汉斯·大卫(Hans David) | 1 050*** |

\* 除掉有价证券,对外投资还要再加上 5 亿英镑。

\*\* 净投资,即扣除德国境内的外国财产。其他一些估计可能也是这样的。

\*\*\* 这是《世界经济报》(*Weltwirtschaftszeitung*,1919 年 6 月 13 日)给出的在战争爆发时对德国拥有的对外投资的价值所做的估计。

德国在其他国家的投资都将无法存有剩余可以用来达成其他目的。

(ii) 德国在战前对外投资的最为重要的地区，不像我们是投资于海外，而是投资于俄国、奥匈帝国、土耳其、罗马尼亚和保加利亚这些地方。这些投资中的大部分目前无论从哪个角度看，暂时都几乎看不到还有什么价值，尤其是那些在俄国和奥匈帝国的投资。如果以当前的市场价值作为标准，那么，这些投资是不可能以高于票面价值的价格进行转售的。除非协约国打算按照高于其票面价值的价格接收这些有价证券，并持有它们，直到将来再把它们出售，否则的话，这些投资所在国是没有充裕的资金来即刻支付德国的这种对外投资的。

(iii) 尽管在战争期间德国不可能像我们那样方便地把它的对外投资变现，但是，在某些国家，在其力所能及的范围之内，德国还是这样做了。美国参战之前，人们普遍认为，尽管对这些转售额（有人提到，这个转售额达 6 000 万英镑）当时给出的那些估计数字可能有些夸大，但德国确实将其在美国证券市场上的很大一部分优质资产进行了转售。不过，在整个战争期间，尤其是在战争的后期，当德国的外汇交易非常微弱，其在邻近的中立国家的信用变得极低之时，它就已经开始着手处理在荷兰、瑞士、斯堪的纳维亚将要购买或间接接纳的这类有价证券了。截至 1919 年 6 月，德国在这些国家的投资已经下降到了几可忽略的地步，它在这些国家的债务远远高于投资，这一点是可以确定的。对于某些海外有价证券，譬如阿根廷的证券，存在可以出售的市场的，德国也已经将其售出。

111

(iv) 有一点可以肯定，自从停战以来，私人手中持有的外国有价证券已经大量地流到国外。要想阻止这种趋势是非常困难的。德国的对外投资一般都是以不记名证券形式做出的，也不需登记，这是德国的通例。所以，它们可以很容易地通过德国广袤的陆上边界而走私到国外，在和约缔结之前几个月，如果协约国这个时候能够找到截留这些证券的办法，那么一定不会允许这些有价证券的拥有者继续持有它们。诸如此类的因素联合起来发挥作用，激发了人类的创造天赋，协约国和德国政府意在有效阻止这些证券外流的努力基本上是徒劳之举。

综合以上这些考虑，如果德国还能有很多资源用来支付赔款，那真算得上奇迹降临。协约国、美国、德国的盟国、与德国比邻的中立国，这差不多已然囊括了全部的文明国家。而我们已经看到，我们是不可能期望德国在这些国家的投资能够拿来作为赔款支付的。实际上，德国在其他的国家（除了南美洲）并没有什么重要的投资。

将这些扣除项转换成数字，一定会包含不少猜测的成分。再根据所得到的数字和其他相关的数据，详加深思之后，我为读者给出我认为的最佳的个人估计数额。

我把（i）项下的扣除定在 3 亿英镑，其中在偿付私人债务之后，最终可以取得的数额为 1 亿英镑。

至于（ii）项——根据奥地利财政部在 1912 年 12 月 31 日所做的一项调查，德国持有的奥匈帝国有价证券的名义价值为 1.973 亿英镑。德国战前在俄国所做的非政府证券投资大致可以估计为 9 500 万英镑，这个数字大大低于预期，而据 1906 年萨托里亚斯·冯·沃尔特绍森（Sartorius von Waltershausen）的估计，德国对俄国政府证券的投资为 1.5 亿英镑。这样一来，德国对俄国的总投资即为 2.45 亿英镑，这在一定程度上被伊斯查尼恩博士（Dr Ischchanian）在 1911 年给出的 2 亿英镑的估计数字所证实。罗马尼亚在参战之时，曾经公布过一份估计报告，这份报告认为，德国在罗马尼亚的投资为 400 万英镑到 440 万英镑，其中有 280 万英镑到 320 万英镑的投资属于政府有价证券。据法国《时报》（Temps）在 1919 年 9 月 8 日的报道，一个保护法国在土耳其利益的委员会估计称，德国在土耳其的投资约为 5 900 万英镑，根据外国债券持有者委员会的最新报告，其中德国国民持有 3 250 万英镑的土耳其对外债务。关于德国在保加利亚的投资，我没有找到相关的估计数字。将这些国家综合起来作为一个整体来看，我认为（ii）中的扣除额当为 5 亿英镑。

我认为，（iii）中德国在战争期间转售和抵押出去的有价证券在 1 亿英镑到 1.5 亿英镑之间，其中包括德国持有的斯堪的纳维亚、荷兰和瑞士的全部有价证券、它所持有的南美国家有价证券的一部分以及在美国参战前卖掉的绝大部分北美国家的有价证券。

至于（iv）项中的适当的扣除额，自然也没有可以获得的现成数字。过去几个月来，欧洲新闻界充斥着关于所采取的应急之法的传闻，个个都耸人听闻。但是，那些以最为巧妙和强力的办法流出德国或者安全地藏在德国境内的有价证券，如果我们把它定为 1 亿英镑的话，那么，对于（iv）项下的扣除额，我们不可能过分夸大。

因此，把这不同的各项加总起来，总的扣除额大约为 10 亿英镑，从理论上讲，仍然有 2.5 亿英镑可以用来支付赔款。[1]

对于有些读者而言，这个数字可能显得有些低了，但是，要让他们记住的是，这个数字代表的乃是德国政府可以充作公用的**可售证券**的剩余部分。据我观之，这个数字已经是非常之高，如若考虑到我是用不同的方法计算得出这个数值的，我本有可能得出一个更低的数字来。如果不考虑被扣押的在奥地利、俄国等国的有价证券和投资，德国是否还有可能凑得出来高达 2.5 亿英镑的由多个国家和企业发行的有价证券吗？对于这个问题，我无法给出答案。在德国政府手中，还有一些没有被扣

113

---

1 对于阿尔萨斯-洛林地区以及其他现在已经不属于德国领土上的人们所持有的有价证券，我还没有在这里予以扣除。

押的证券，其中包括一些中国政府的证券，可能还有一点日本的证券，以及一些较有价值的在南美洲的优质资产。但是，像这类优质的企业，德国政府手中所剩无几，而且**这些企业的价值**也仅有一两千万英镑，资产规模不到 5 000 万或 1 亿。根据我的判断，大概没有人会鲁莽到集起 1 亿英镑的现金将德国余下的未被扣押的海外投资买过来的。而且即便是这样一个很低的数值，如果赔款委员会想要实现，也得先不要动那些接收的财产，并且小心地看护多年方才能够办到。

因此，德国持有的外国证券所能贡献的最大数额就是 1 亿英镑到 2.5 亿英镑这么多。

那么，德国的那些可以立即转换的财富包括：(a) 黄金和白银——价值 6 000 万英镑；(b) 船舶——1.2 亿英镑；(c) 外国证券——1 亿到 2.5 亿英镑。

事实上，只要协约国从德国拿走相当一部分的黄金和白银，就会对德国的货币体系带来伤害，从而损害协约国自身的利益。所以，所有这些资源可以贡献的金额，也就是赔款委员会在 1921 年 5 月 1 日前有希望取得的赔款，大概至多在 2.5 亿英镑到 3.5 亿英镑之间。[1]

### 2. 割让领土上的财产与停战时交付的财产

由于条约已经草签，关于德国在其割让的领土上的财产，它将不会取得可以用于支付赔款的必要信用。

在绝大部分的被割让领土上的**私人财产**被用于支付德国对协约国人民的负债之后，如果还有剩余，这剩余的款项才可以被用于支付赔款。

---

1　在所有这些估计数字中，由于担心过分夸大与条约相悖的情况，我还特别地关注这些数字超出我的真实判断的地方。账面上记下的对德国资源的估计数值，与以现金形式实际从德国得到的赔款数额是完全不同的。我认为，到 1921 年 5 月 1 日为止，赔款委员会从以上各项目中实际得到的赔款还没有以上两个数值中较小的那个多。

在波兰和其他一些新成立的国家，这些财产直接归原主人所有。

在阿尔萨斯-洛林地区、被割让给比利时的领土以及变成托管地的前德国殖民地，德国政府的财产被无偿地予以没收。属于前波兰王国的建筑、森林以及其他的国家财产，也被无偿地交托了出去。这样一来，除了上述这些之外，还有其他的一些政府财产也交给了波兰，在石勒苏益格（Schleswig）的政府财产交付给了丹麦，[1] 萨尔区的煤田、某些河流上的船只等，按照条约中港口、水路、铁路这一章的条款进行交付，海底电缆根据赔款这一章的附件VII移交。

无论条约如何规定，赔款委员会都将无法从波兰取得任何的现金支付。我认为，萨尔区的煤田估价可在 1 500 万英镑到 2 000 万英镑之间。除了私人财产方面的剩余之外，上述所有项目能够提供的支付大约为 3 000 万英镑，这个数字恐怕已经是所能给出的非常慷慨的估计了。

115

根据停战协定，还有一些需要交付的物资。条约第 250 款规定，根据停战协定须交付的车辆和其他某些规定的项目，以及被赔款委员会认定为"无军事价值"的交付物资，经过赔款委员会估值之后，所得信用应归于德国政府名下。所交付的车辆（15 万辆货车，5 000 辆机车）是唯一较具价值的项目。所有根据停战协定交付的财产其总价值定为 5 000 万英镑，这可能也是非常慷慨的估计了。

因此，之前我们所估计的 2.5 亿英镑到 3.5 亿英镑，还要再加上这

---

1　条约对于丹麦政府获得石勒苏益格之后应当为此对赔款委员会承担多少债务这一点（见第 114 款）规定得非常模糊。例如，丹麦政府可以用该地区居民持有的马克的价值作为标准来安排它们的债务。无论如何，这里所涉及的货币都是非常之少的。丹麦政府为用于"接收石勒苏益格所分担的德国债务，购买德国的公共财产，帮助石勒苏益格居民解决货币问题"，筹集了 660 万英镑（合 1.2 亿克朗）。

里另加的 8 000 万英镑。但是，这里的 8 000 万英镑又不同于之前的那项估计，因为它并不等同于能够对协约国财政状况有所裨益的实际的现金，而只是写在协约国之间或协约国与德国之间的票面账簿上的信用。

　　然而，这里总数在 3.3 亿英镑到 4.3 亿英镑的数额，并不能全部用于赔款。根据条约第 251 款的规定，**第一项**费用是停战期间及和约缔结之后的驻军费用。1921 年 5 月之前的总军费在**每月扣除的军费没有确定之前**是无法进行计算的，1919 年初期的每月驻军费用超过 2 000 万英镑，最后一段时间的每月驻军费用最终达到 100 万英镑的常规状态。这就使我们手中可以使用的金额只有 1 亿到 2 亿英镑了。

　　从这个金额、德国的商品出口以及 1921 年 5 月之前的实物赔付（这部分我一直没有将它计算在内）中，协约国留出了一片可以转圜的余地，即如果协约国认为有必要的话，它们将允许德国收回部分款项以用来购买它所必需的粮食和原材料。无论是德国为了重建其经济而需要从国外进口的产品的价值，还是协约国行使这一决定的自由程度，目前我们都没有办法做出准确的判断。如果德国原材料和食物的储备在 1921 年 5 月之前可以恢复到正常水平，那么，在其目前出口能力的基础之上，德国至少还需要 1 亿到 2 亿英镑的对外购买力。然而，这却是不可能的，我敢大胆言之，德国的社会和经济条件不可能在 1921 年 5 月之前使出口超过进口如此之多，而根据条约，德国以煤炭、染料、木材和其他物资等实物形式支付给协约国的赔款必须返还给德国，裨其能够支付生存所必需的进口物资。[1]

　　因此，赔款委员会无法期望从其他渠道得到比 1 亿到 2 亿英镑之外

------

　　1　我自己的判断再次让我走得更远，我对德国在这段时间内维持其进出口平衡的能力表示怀疑。但是，上文中所述对于表达我的论点已然足够。

更多的赔款，这个数字是在假定德国把可以立即变现的财产进行变现，包括了德国根据和约所得到的信用并扣除了驻军费用之后才得到的。由于比利时已经和法国、美国、英国在条约之外达成了私下协议，**最初的 1 亿英镑赔款**将会首先用来满足比利时的赔款要求，所以，整个事件的结果将是比利时可能在 1921 年 5 月得到 1 亿英镑的赔款，而其他国家可能得不到任何实质性的赔款。无论怎样，各国财长们若要在任何其他的假定之下做出他们的计划，都是极为轻率之举。

### 3. 按年分摊的支付

经过这场战争，德国几乎失去了它的全部殖民地、海外联系、商业船只和国外的产业，割让了十分之一的土地和人口；三分之一的煤矿、四分之三的铁矿也不复为其所有；大战还造成了 200 万青壮年死伤；人民饱受四年的饥馑之苦，背负着巨大的战争债务；通货贬值，购买力尚不及战前的七分之一；它的盟国及其领土均处于分崩离析之境；国内革命风起云涌，而布尔什维克主义的威胁又颇有大兵压境之势。四年鏖战，最终归于失败，无论在国力还是信心方面，都带给了它难以估量的打击。在如此情况之下，德国每年支付对外赔款的能力，势必大打折扣，不可能不受影响。

这些人尽皆知的事实，是如此地显明。然而对德国要求巨额赔款时所做的种种估测，大多却建立在这样的假设之上：德国未来所将进行的贸易，将远大于它昔日的规模。

为了达到条约所要求赔付的数额，其支付是以现金形式（或者干脆就是指外汇）还是部分地以实物形式（煤炭、燃料、木材等）来完成，并无关宏旨。无论如何，只有通过具体商品的出口，德国才能履行赔偿义务，而将这些出口商品的所得转到赔款账户之内的方法，比较而言不过是细枝末节罢了。

117

除非我们能够在某种程度上回归问题的本源，只要有可能就充分利用所在的统计资料，否则对于德国所能赔付的总额度，我们只会陷于完全凭空臆测的境地。可以肯定，德国每年支付的赔款只能是来自它若干年内减少进口、增加出口，扩大的贸易顺差，也只有这样，方才能够进行有效的对外支付。德国终究要以商品来进行赔付，而且也只能是通过商品来赔付，无论这些商品是直接供应给协约国，还是卖给中立国，然后再将由此得到的中立国的债权移交给协约国，都是如此。因此，要估计这一过程可以达到什么样的程度，最为坚实可靠的依据，莫过于对德国战前的贸易收益进行分析。只有在这样的分析基础上，再辅之以这个

118 国家总的财富生产能力的某些综合数据材料，才能对德国出口超过进口可能实现的最大限度，予以合理推测。

1913 年，德国的进口总计为 5.38 亿英镑，扣除运输在途的商品和金银这些贵金属的价值之后，出口为 5.05 亿英镑。也就是说，进口要超过出口大约 3 300 万英镑。但是若要从 1913 年往前倒推 5 年，入超额的平均值还要比这个大得多，计有 7 400 万英镑。由是观之，不但德国战前用于新增对外投资，而且还有其他一些用途征用的资金，均来自它当时所拥有的国外证券的利息，以及它在航运、外国银行业务等方面的利润。一旦它的商业船只、国外产业不复为其所有，而且它在国外的银行业务和其他诸般来自国外的收益来源均遭断绝，则原本德国有余力可以进行对外赔付的，如今却也到了无法自给的地步。因此，对于德国来说，当务之急必然是对消费和生产重新加以调整，以弥补现在的这种亏空。对于进口商品的使用，进一步厉行节约，对出口重加刺激，方可得到用于赔款的资金来源。

在表 4 中，我在不同的项目下列出了德国出口和进口贸易中的三分之二的部分。所列出的这些部分是经过我深思熟虑之后挑选出来

的，余下的三分之一，我多少认为其中所包括的商品单独来看不是那么重要。

这些数据表明，最重要的出口产品包括以下各项：（1）钢铁产品，包括马口铁（13.2%）；（2）机器等（7.5%）；（3）煤炭、焦炭和煤球（7%）；（4）毛制品，包括生羊毛和梳洗过的羊毛（5.9%）；（5）棉制品，包括棉纱、棉线和原棉（5.6%）。这五类商品占总出口的39.2%。在 119 大战以前，德国和英国在所有这些类商品上竞争都非常激烈，这一点已为我们所知。因此，如果德国在这些商品上对海外和欧洲的出口大幅增加，那么，这必将会对英国在同类商品上的出口带来严重的影响。而关于棉制品和毛制品这两类商品，其出口的增加依赖于原材料进口的大幅增加，因为德国实际上是不产棉花和羊毛的。所以，除非德国可以确保其顺利地获得超过战前消耗标准的原材料（这只能是以损害协约国利益为代价），否则，德国的贸易是不可能实现扩张的。即便是这样，实际的 120 增加额也不是出口的总价值，而是出口的制成品价值与进口的原材料价值的差额。至于其他三项，即机器、钢铁产品和煤炭，由于德国割让了如今归在波兰的领土、上西里西亚和阿尔萨斯-洛林地区，所以，德国增加出口的能力已然被剥夺。正如前文已经指出的那样，这些地区的煤炭产量大约占德国煤炭总产量的33%。而且，这些地区还提供了德国75%以上的铁矿石、38%的鼓风炉和9.5%的钢铁铸件。因此，除非阿尔萨斯-洛林地区和上西里西亚把它们的铁矿石送到德国进行加工，否则，德国的出口不但不会增加，反而不可避免地会减少，[1]而这些地区把铁矿石送到德国加工又会导致德国进口的增加，为此它又必须提供更多的支付。

---

1 据估计，即使不将上西里西亚的损失计算在内，割让给法国的领土也将使德国钢锭的年产量从战前的2 000万吨减少到1 400万吨，使得法国钢锭的年产量从战前的500万吨增加到1 100万吨。

121 　　表 4 列示的是谷类、皮革制品、糖、纸张、皮毛、电器产品、丝制品和染料。谷类不是净出口品，因为同类商品的进口远远大于出口。至于糖，战前德国近乎 90% 的糖是出口到英国去的。[1] 如果英国给予德国的糖特别优惠，或者签订协议允许德国用糖来支付部分赔款（对煤炭、染料也有同样的建议），那么，这将会刺激这一贸易的增长。纸张贸易也可以有所增长。皮革制品、皮毛和丝绸的出口，取决于相应的账户中另外一

122 面的项目之进口。丝制品基本上是与法国和意大利两国形成竞争关系。余下的其他项目单独来看都比较小。我曾听到这样的建议：在很大程度上，可以用碳酸钾之类的产品来支付赔款。但是，在战前，德国的碳酸钾出口仅占其出口总额的 0.6%，总价值约为 300 万英镑。除此之外，法国从其收回的领土内得到了一个碳酸钾产地，将不会欢迎德国大量增加碳酸钾的出口。

表 4

| 德国 1913 年的出口种类 | 数额（百万英镑） | 出口占比（%） |
| --- | --- | --- |
| 钢铁产品（包括马口铁等） | 66.13 | 13.2 |
| 机器和零部件（包括汽车） | 37.55 | 7.5 |
| 煤炭、焦炭和煤球 | 35.34 | 7.0 |
| 毛制品（包括生羊毛、梳洗过的羊毛和衣服） | 29.40 | 5.9 |
| 棉制品（包括原棉、棉纱和棉线） | 28.15 | 5.6 |
| 小计 | 196.57 | 39.2 |
| 谷物等（包括黑麦、燕麦、小麦、啤酒花） | 21.18 | 4.1 |
| 皮革和皮革制品 | 15.47 | 3.0 |
| 糖 | 13.20 | 2.6 |
| 纸张等 | 13.10 | 2.6 |

---

1　德国在 1913 年的糖的出口达 1 110 073 吨，价值为 13 094 300 英镑，其中 838 583 吨出口到英国，价值 9 050 800 英镑。这些数字远远超出 1909—1913 年这五年平均出口价值 1 000 万英镑这个正常值。

| 德国 1913 年的出口种类 | 数额（百万英镑） | 出口占比（%） |
|---|---|---|
| 皮毛 | 11.75 | 2.2 |
| 电器产品（装置、机器、电灯、电缆） | 10.88 | 2.2 |
| 丝制品 | 10.10 | 2.0 |
| 染料 | 9.76 | 1.9 |
| 铜类制品 | 6.50 | 1.3 |
| 玩具 | 5.15 | 1.0 |
| 橡胶和橡胶制品 | 4.27 | 0.9 |
| 书籍、地图和乐谱 | 3.71 | 0.8 |
| 碳酸钾 | 3.18 | 0.6 |
| 玻璃 | 3.14 | 0.6 |
| 氯化钾 | 2.91 | 0.6 |
| 钢琴、风琴和零部件 | 2.77 | 0.6 |
| 天然锌 | 2.74 | 0.5 |
| 瓷器 | 2.53 | 0.5 |
| 小计 | 142.34 | 28.0 |
| 未列出的其他商品 | 165.92 | 32.8 |
| 总计 | 504.83 | 100.0 |

在有关进口的那张表格中（表 5），我们可以看到，原材料和食品的进口额占总的进口额的 63.6%。原材料主要包含棉花、羊毛、铜、皮革、铁矿、皮毛、丝绸、橡胶和锡，如果出口贸易不变，这些物品的进口不会有很大的减少，而如果出口贸易上升，对它们的进口肯定会增加。食品的进口包括小麦、大麦、咖啡、蛋类、稻米、玉米之类物品，这带来了另外一个难题。除了一部分奢侈品之外，德国工人阶级在这场战争之前对食物的消费不可能比最高效率情况下所要求的更多；实际上可能还要低于最高效率要求的消费量。因此，食物进口的任何实质性下降都会影响工业人口的效率，从而影响工业人口所能够生产的出口剩余量。如果工人食物不足，德国工业的生产率不可能持续快速提高。不过，对于大麦、咖啡、蛋类和烟草这些物品，不会产生同等的影响。如果有这样一

种制度上的可能，使得德国人将来不再饮用啤酒、不喝咖啡、不抽烟草，那将会有一笔可观的节省。否则的话，德国的食物进口几乎没有什么大幅减少的余地。

表5

| 德国 1913 年的进口种类 | 数额（单位: 百万英镑） | 进口占比（%） |
|---|---|---|
| I. 原材料 | | |
| 棉花 | 30.35 | 5.6 |
| 皮革和毛皮 | 24.86 | 4.6 |
| 羊毛 | 23.67 | 4.4 |
| 铜 | 16.75 | 3.1 |
| 煤炭 | 13.66 | 2.5 |
| 木材 | 11.60 | 2.2 |
| 铁矿石 | 11.35 | 2.1 |
| 皮毛 | 9.35 | 1.7 |
| 亚麻和亚麻籽 | 9.33 | 1.7 |
| 硝石 | 8.55 | 1.6 |
| 丝绸 | 7.90 | 1.5 |
| 橡胶 | 7.30 | 1.4 |
| 黄麻 | 4.70 | 0.9 |
| 石油 | 3.49 | 0.7 |
| 锡 | 2.91 | 0.5 |
| 磷粉 | 2.32 | 0.4 |
| 润滑油 | 2.29 | 0.4 |
| 小计 | 190.38 | 35.3 |
| II. 食品、烟草等 | | |
| 谷物等（小麦、大麦、糠、稻米、玉米、燕麦、黑麦、苜蓿） | 65.51 | 12.2 |
| 含油种子和油糕等（包括棕榈仁、干椰子肉、可可豆） | 20.53 | 3.8 |
| 牛、羊脂、膀胱 (bladders) | 14.62 | 2.8 |
| 咖啡 | 10.95 | 2.0 |
| 蛋类 | 9.70 | 1.8 |
| 烟草 | 6.70 | 1.2 |

| 德国 1913 年的进口种类 | 数额（单位：百万英镑） | 进口占比（%） |
|---|---|---|
| 黄油 | 5.93 | 1.1 |
| 马匹 | 5.81 | 1.1 |
| 水果 | 3.65 | 0.7 |
| 鱼类 | 2.99 | 0.6 |
| 家禽 | 2.80 | 0.5 |
| 果酒 | 2.67 | 0.5 |
| 小计 | 151.86 | 28.3 |
| III. 制造业产品 | | |
| 棉纱、棉线和棉花制品 | 9.41 | 1.8 |
| 羊毛纱和羊毛制品 | 7.57 | 1.4 |
| 机器 | 4.02 | 0.7 |
| 小计 | 21.00 | 3.9 |
| IV. 未列出的其他商品 | 175.28 | 32.5 |
| 总计 | 538.52 | 100.0 |

下面这张表格（表 6）根据目的地和来源地而对德国出口和进口所做的分析表明，德国的出口和进口是密切相关的。从中可以看出，1913 年，在德国的出口中，对英帝国的出口占 18.1%，对法国、意大利和比利时的出口占 17.2%，对俄国和罗马尼亚的出口占 10.1%，对美国的出口占 7.1%；这就是说，对协约国的出口占德国总出口额的一半还要多。在余下的部分中，对奥匈帝国、土耳其和保加利亚的出口占 12.2%，对其他国家的出口占 35.3%。因此，除非各协约国准备鼓励进口德国产品，否则德国出口总额的增加只能依靠对中立国市场的批发倾销才可以做到。

上面的这些分析说明了在条约签订后德国出口盈余可能的最大变化量。对此，我们可以做出以下四个假设：(1) 在棉花、羊毛等原材料的供给上，我们优先考虑自己而不是德国（这些供给在全世界是有限的）；

表6　1913年德国出口目的地的出口额和进口来源地的进口额

| | 德国出口目的地的出口额 | | 德国进口来源地的进口额 | |
|---|---|---|---|---|
| | 金额<br>（百万英镑） | 占目的地出口<br>总额的比例<br>（%） | 金额<br>（百万英镑） | 占来源地进口<br>总额的比例<br>（%） |
| 英　国 | 71.91 | 14.2 | 43.80 | 8.1 |
| 印　度 | 7.53 | 1.5 | 27.04 | 5.0 |
| 埃　及 | 2.17 | 0.4 | 5.92 | 1.1 |
| 加拿大 | 3.02 | 0.6 | 3.20 | 0.6 |
| 澳大利亚 | 4.42 | 0.9 | 14.80 | 2.8 |
| 南　非 | 2.34 | 0.5 | 3.48 | 0.6 |
| 英帝国小计 | 91.39 | 18.1 | 98.24 | 18.2 |
| 法　国 | 39.49 | 7.8 | 29.21 | 5.4 |
| 比利时 | 27.55 | 5.5 | 17.23 | 3.2 |
| 意大利 | 19.67 | 3.9 | 15.88 | 3.0 |
| 美　国 | 35.66 | 7.1 | 85.56 | 15.9 |
| 俄　国 | 44.00 | 8.7 | 71.23 | 13.2 |
| 罗马尼亚 | 7.00 | 1.4 | 3.99 | 0.7 |
| 奥匈帝国 | 55.24 | 10.9 | 41.36 | 7.7 |
| 土耳其 | 4.92 | 1.0 | 3.68 | 0.7 |
| 保加利亚 | 1.51 | 0.3 | 0.40 | — |
| 其他国家 | 178.04 | 35.3 | 171.74 | 32.0 |
| 总　计 | 504.47 | 100.0 | 538.52 | 100.0 |

124　（2）法国已经获得了铁矿储备，还想取得鼓风炉和钢铁贸易；（3）不鼓励和支持德国在海外市场上与协约国争夺铁矿及其他贸易；（4）英帝国不会给予德国的商品以优先权。在这些假设基础之上，很显然，条约的有关条款很大程度上并不可行。

我们来略微浏览一下德国的主要出口项目：（1）钢铁产品。由于德国损失了大量矿产资源，所以在这方面提高净出口已不大可能，倒是出现大幅下滑的可能性很大。（2）机器。这方面有一些增加是有可能的。（3）煤炭和焦炭。德国战前在这方面的净出口总额为2 200万英镑；

协约国暂时认同 2 000 万吨为其当前的最大出口量，认为在将来某个时期可达 4 000 万吨的规模，这能否实现尚且是个未知之数；即便以 2 000 万吨为基础，根据战前价格来计，实际上我们也没有得到净出口额的增加。[1] 同时，如果照这个数量加以盘剥的话，则用煤炭来进行生产的那些制成品的出口额必将大幅下降。(4) 毛制品。如果羊毛原料这项出口无可增加，而就羊毛原料的供应而言，尚存其他方面供应的要求，因此不但出口难有增加之望，甚至还有减少的可能。(5) 棉制品。与毛纺织品的情况相类。(6) 粮食作物。以前从未有过出口，日后也绝无出口之可能。(7) 皮革制品。与毛制品的情况相类。

现在，对于战前德国的各项出口，我们已经列出了近乎半数，再无其他项目的商品出口额能够占到总出口额的 3% 及以上的了。德国还有什么其他商品可以用来进行赔付的呢？ 染料吗？ 这项商品在 1913 年的总值也只有 1 000 万英镑。玩具吗？ 碳酸钾吗？ 而这两项商品出口额加在一起也才 300 万英镑。即便对那些用于赔付的商品可以逐项详予说明，它们又能在什么样的市场上出售呢？ 要谨记的是，在我们心目中，商品的年出口总值并非是以千万而计，乃是以亿而计的。

至于进口，倒还有一些可说之处。生活标准的降低，对进口商品的消费倒可能会带来明显的缩减。但是，由上可知，很多大宗商品项目的 125 进口下降，势必也会影响到出口量。

让我们来做一个尚不至称为愚蠢的最为乐观的估测吧！假设德国虽然遭受了沉重打击，在资源、设备、市场和生产力均有缩减的情况下，经过一段时间之后，最终仍然可以增加出口、减少进口，从而以战前价格计算，每年可提高贸易顺差达 1 亿英镑。要实现这样的调整，首先必

---

1 这个账户两边所要求的必要的价格调整将在后面一起做出。

须得结束这种入超的状态，要知道，这一入超额在战前平均可达 7 400 万英镑；而我们姑且假设，虑及此点之后，德国每年还会有 5 000 万英镑的贸易盈余留存。假使战后的价格水平较之战前提高一倍，那么这笔贸易盈余额每年将达到 1 亿英镑之多。从政治、社会、人事以及纯粹的经济方面加以考虑，我怀疑德国在 30 年时间之内是否有能力每年偿还这样的数额。但是要做出这样的推断并希望它能够有能力进行偿还，当然尚不至于被视为愚昧无知。

假设利息率为 5%，资本回报率为 1%，那么这一数字代表了资本总额的现值——约为 17 亿英镑。[1]

因此，我们可以得出最终的结论，德国能够赔付的较为稳妥的极限数值当在 20 亿英镑，这包括了一切支付手段——直接可转移的财富、所割让的资产以及每年的赔偿。而究其实际的情况，我不认为它能够达到这样的极限程度。那些认为这个数字非常之低的人们，对于下面这个鲜明的对比，一定要加以牢记。1871 年法国的财富比 1913 年德国的财富的一半还要略少一些。撇开货币价值的变化不谈，德国 5 亿英镑的赔款差不多堪与法国 1871 年支付的赔款总额一样多。而且由于赔款的真实负担在比例上比绝对数额的增加幅度还要大，所以，德国 20 亿英镑的赔款所带来的后果远非法国 1871 年 2 亿英镑的赔款所带来的后果可比。

就我目力所及，只有一个方面尚有增进前述论证所得数字的可能性；也即，如果德国的工人可以被遣至那些受到战争摧残的地区，从事重建的工作，则增进这一赔偿能力尚有余地。据闻，这类有限度的计划，已在考虑当中。像这样可以获得的新增贡献，到底能达到什么样的

---

1 如果每年的偿还额减少，偿还年限增加，由于复利的作用，所有偿还额的现值并不会有重大的增加。永久性地每年支付 1 亿英镑，假设利息和之前一样为 5%，这只能提高现值到 20 亿英镑。

程度，取决于德国政府所能努力派遣出来的工人人数，除此之外还取决于相当长一段时期内比利时和法国的居民所愿容纳的人数。不管怎样，即便在若干年之内要想通过引入工人来从事实际的重建工作，以图取得超过（比如说）2.5 亿英镑的净现值，似乎也极为困难；就是这样，我们也无法证明在实践中这会是在以其他方式取得年赔偿额之外多得的净增额。

由此可知，如果把德国的赔付能力估计为 80 亿英镑，甚或 50 亿英镑，似都不在合理的可能范围之内。那些认为德国在战争赔款方面每年的赔付额可以高达数亿英镑的人士，对于他们认为这种赔付当以**何种具体的商品**来给出，这些具体的商品又当在**哪些市场**上予以出售，应该做出明确的说明。除非他们能够详加说明，为他们的结论提供某种坚实的论证，否则均不值得被我们接受。[1]

127

---

1　下面这封由西德尼·洛爵士（Sir Sidney Low）在 1918 年 12 月 3 日写给《泰晤士报》的信件，是一个反映了公众对经济事务误解的例子，在这封信里，他这样写道："我看到一份权威的估计认为德国的矿产和化学资源总价值高达 2 500 亿英镑，甚或更多；仅鲁尔盆地的矿产价值据说就超过 450 亿英镑。不管怎么说，这些自然资源的资本价值远远高于德国对所有协约国的债务。为什么不能将这些财富中的一部分在充分的时间之内从它现在的拥有者那里转移并分配给被德国攻击、驱逐和伤害过的人们手中呢？　协约国政府要求德国在接下来的三十年、四十年或五十年内每年把价值 1 亿到 2 亿英镑的矿产储备交付给协约国使用，这是完全正当的要求。通过这样的方式，我们可以在不对德国的制造业和出口贸易造成过度刺激的情况从而对我们造成损害的情况下，从德国手中获得足够的赔偿。"这封信有一点让人不解，如果德国的财富超过了 2 500 亿英镑，那西德尼·洛爵士何以还会满足于每年 1 亿到 2 亿英镑这么一点小小的数目呢？　而他的这封信正是对某类想法的一个绝佳的反证。这样一种计算模式把深埋于地下的煤炭和在煤斗中的煤炭的价值等同起来，把每年 1 000 英镑的租金按照 999 年计算，价值为 999 000 英镑，把每年农作物在一定期限内生产的粮食的所有价值计算为这块土地的价值，这种算法向我们展现了无限的可能性，而它也是一柄双刃剑。如果德国的所有资源价值 2 500 亿英镑，那么德国割让的阿尔萨斯-洛林地区和上西里西亚就将足以支付全部的战争费用和赔款。事实上，根据我的估计，德国各种矿产资源的当前市价只有 3 亿英镑，或者也就比西德尼·洛爵士的期望值的千分之一高出一点罢了。

我要再提出三条附加性的条件，这些条件并不会影响到我前面对直接的实际目标所做的论证之效力。

第一，如果协约国在五到十年间能着力"培育"德国的贸易和工业，给它提供巨额贷款，同时在航运、食品和原材料方面充分地施以援手，帮它建立市场，在物质和精神方面尽力协助，使之成为即便不是全世界也是全欧洲最大的工业国家，那么经过一段时间之后，我们可以得到的实际上的赔偿总额可能要比前述估测的数字大得多；因为德国本身是具有超强的生产潜力的。

第二，在根据货币进行数字估计时，我假定我们国家货币单位价值的购买力没有出现什么重大的变化。而如果黄金的价值跌到只有现在价值的一半，甚至是十分之一，那么按照黄金价值进行赔偿的实际负担额也会同比发生下降。假如 1 镑金币的价值只比得上现在的 1 先令，那么德国以金镑来计算的赔偿能力当然要比我现在给出的大得多。

第三，我假定劳动力的产出性质和内容均无什么重大的变化。但是科学进步一日千里，未来如何难以估量，**或能**找到某些方法和设计，使得生活水准有一个整体的、难以估测的飞跃，同样数量的产品所耗人力可能只会有现在所需的一小部分。若然如此，则不仅是战争赔偿，甚至所有方面的"能力"，都会发生变化。但是，**一切皆有可能**，并不能作为信口开河的依据。

128

的确，在 1870 年没有人能够预料到德国在 1910 年时的生产能力会怎么样。我们也无法期待能够为一代乃至更多代人一劳永逸地进行立法。人类经济条件的长期变化以及对于错误进行预测在智力上的局限，都可能使得我们不是在这里就是在那里犯下错误。作为理性的个体，我们只能就所能观察到的情况来制定政策，对于五年或十年左右的时间，或许还可以认为我们有着某种预见能力，可以放心地接纳这样的政策。而如果我们在关乎人类存亡的非常之时，自然秩序的重大变化或人类与自然关系面临鼎革之际，任其自然，置之不顾，倒也无可非议。对于德国在较长的时期之内进行战争赔款的能力如何，我们确无足够的认识，但是决不能以此为据（而我确实曾听到有人认为可以据此而做出判断），做出判断认为它可以支付达 100 亿英镑之巨的赔偿。

为什么这个世界对于政治家的连篇谎话却如此轻信呢？如果一定要给出一个解释的话，我倒认为，这种轻信可以部分地归为以下这些原因。

首先，战争的巨额支出、价格飞涨、通货贬值，使得价值单位完全无法稳定，这让我们在涉及财务方面的数字和量值时完全丧失了正常的理解和判断力。我们过去所认为的那种可能性的界限，已经被大大超越，而那些根据过去来预测未来的人，也就往往会出现错误；这使得普通民众无所适从，对于一切稍具权威的言辞均来者不拒，乐于倾听，就德国的赔偿能力而言，数字愈大，愈是中其下怀，对此反倒深信不疑了。

有时候一个荒诞不经的说法，对于那些明白事理的人来说还显得格外言之成理，对问题做了稍微深入的观察之后，往往会被这种言辞所迷惑。有些人将他们的结论建立在德国每年生产力的总剩余而不是它的净出口额上，以此来估计德国的赔偿能力，如此必然是大谬不然。例如，海尔弗里奇估计德国在 1913 年的年财富增量为 4 亿到 4.25 亿英镑（抛开土地和资产货币价值的增加不算）。战前德国的军备支出每年在 5 000 万到 1 亿英镑之间，这一部分开支在战后可以省去不计。由此进行推断，它对协约国为什么不可以每年赔偿 5 亿英镑呢？如此粗陋的观点，却以一种强有力和曼妙的方式，博得了众人的好感，竟然达到了深入人心之

129

境地。

但这种观点存在两点错误。首先，经过战争与和约的损害之后，德国每年的储蓄额将大大不如从前，如若在未来总是逐年从中提取而不能注入资金，则德国的储蓄额断难重新达到其以前的水平。阿尔萨斯-洛林、波兰和上西里西亚这些地区的丧失，致使生产力的损失每年当不会少于5 000万英镑。德国在航运、国外投资、对外银行业务以及其他联系方面每年获取的利润约为1亿英镑，这笔收入如今已化为乌有，不可复问。德国在军备上的支出固然可以省了下来，但是它每年要承担的抚恤金，以现下估计当在2.5亿英镑，[1]两相比较，所剩远不及所出，而且后者所体现的是在生产力方面的真正损失。德国的国内债务总计2 400亿马克，纵然我们可以将之视为国内分配而非生产力的问题，从而对这一内债的负担置之不理，但我们对于战争期间它所产生的对外债务、原材料存量的枯竭、牲畜的全部用尽、因肥料和人力的匮乏而在土地生产力方面所遭受的损失，以及因近5年的时间里失于整修和翻新而造成的财富上的损失，却不能再视而不见了。如今的德国早已不是当年，与战前相比，它要穷困得多，且不说前面所虑及的那些原因，单以这里列举的这些因素来论，它未来储蓄额的下降至少不低于10%，也即每年减少4 000万英镑。

我们曾在其他的基础上认为，德国每年的赔偿支付额最大值应该不会超过1亿英镑，而就这里所列的这些因素来论，则它每年的剩余已经130 不及1亿英镑了。仍然会有这样一些反驳，认为我们没有虑及德国生活

---

1　此项支出原为50亿马克，但是由于马克贬值，故需将这一数字按购买力平价折算为英镑，对于抚恤金实际支出的货币负担，未免有些夸大，但是鉴于战争当中的伤亡使得国民生产力产生了真正的损失，就此而论，这里所给出的数字大概也不能算是夸大了。

标准和享受水平方面的下降，而对于战败之敌，[1] 施予这样的惩罚也在情理之中，但是即便如此，上面的夸大之词仍然在计算方法上犯下了一个根本性的错误。要使国内投资可以利用的每年剩余，只能转变为对外出口可用的剩余，非有工作类别上的巨大变化不足以成其事。德国工人就国内的劳务提供而言尚称充裕而富有效率，倘欲在对外贸易上寻求出路，恐非易事。于此，我们又重新回到了讨论出口贸易时遇到的同样问题上来——德国工人在**哪些商品**的出口贸易上可以找到比以前大有提升的出路呢？要使工人们改弦易辙、去旧从新，绝非易事，这当中总会损失一些效率，还会造成资本支出的巨额增加。德国工人在国内能够为改进资本而生产出的每年剩余，无论在理论上还是实际上，都不是用来测度德国对外赔偿的每年支付额度的标尺。

## IV. 赔款委员会

赔款委员会这个机构的构架是颇为不凡的，如果它充分发挥了作用，那将会对欧洲的生活产生广泛的影响，以至于其性质值得我们单独拿出来进行研究。

当前条约所施加在德国身上的赔款，历史上并无先例，因为以前战争结束之后，作为解决之法的货币赔款与这次战争的赔款，在两个基本的方面截然不同。首先，赔款总额是确定的，而且会以一定数量的货币

---

1　在这里要顺便提及一下，生活水平的降低对一个国家的产能过剩会产生两个方面的影响，这是不能忽视的。此外，我们并没有在几乎处于奴役状态下生活的白人种族的心理体验。不过，一般来说，我们可以假定，如果一个人的所有剩余产品皆被剥夺，那么，他的效率和勤劳都会大为逊色。如果德国人的工业果实被剥夺，但是，它们并不是为了他们的儿女、他们的老境、他们的自豪感或他们的地位，而是为了外国征服者的享乐而被剥夺，那么，企业家和发明家就不再会去创造，商人和店主不再会去储蓄，劳动者也就不再会去辛苦劳作。

来加以衡量；其次，只要战败一方支付了每年的现金赔款，就没有进一步干涉的必要。

131 　　但是，鉴于前文所阐述过的原因，此次战争结束之后所欲强索的赔款数额仍未确定，等到这个数额确定时，它不但超过了德国的现金支付能力，也超过了德国的全部支付能力。因此，这就有必要成立一个机构，由它来确定具体的赔款要求，选定一个支付的模式，批准必要的支付减免和延迟。如此而言，这一机构唯一可能的立场就是对敌对国的国内经济生活施与广泛的控制力，赔款委员会为了债权人的利益也就会把敌对国像破产的财产一样进行管理。然而，赔款委员会事实上的权力和功能已然超出了这一目的下的要求范围，那些不宜解决的大量经济和财政问题最后都交给了赔款委员会进行裁决。[1]

　　赔款委员会的权力和章程主要由对德条约中赔款这一章的第 233—241 款和该章的附件 II 加以规定。与奥地利、保加利亚乃至匈牙利和土耳其缔结和约之后，赔款委员会在这些国家也可行使同样的权力。因此，在对奥地利[2]和对保加利亚[3]的条约中也有类似的条款。

---

[1] 在和会妥协和拖延的过程中，为了最终达成一致，许多问题必须留有一定模糊和不确定的空间。和会的四大国想要的是一个和约，而不是问题的解决，和会的所有程序都在指向这一目标。对于政治和领土问题，和会的态度是把它留给国际联盟来做最终的决断。而对于财政和经济问题，最终的决定则通常留给赔款委员会做出，尽管赔款委员会只是一个由各方利益代表组成的执行机构而已。

[2] 在条约中，奥地利的赔款总额完全没有被提及，全部留给了赔款委员会来决定。奥地利的问题由赔款委员会的一个特别部门来处理，但是除非总委员会授权，这个特别部门没有任何的权力。

[3] 保加利亚的赔款总额为 9 000 万英镑，以半年为限分期支付，时间从 1920 年 7 月 1 日开始。这些款项由位于保加利亚首都索非亚、代表赔款委员会利益的联盟间委员会收取。在某些方面，保加利亚联盟间委员会有独立于赔款委员会的权力，但是作为赔款委员会的代理机构，在如减少半年支付的分期付款等这类问题上有权向赔款委员会提出建议。

主要的协约国均有一名代表出席会议。美国、英国、法国和意大利 132
的代表参加所有的会议；比利时的代表参加除日本或塞尔维亚-克罗地
亚-斯洛文尼亚代表参加的会议之外的所有会议；日本代表参加有关海洋
问题或与日本有关的特定问题的会议；塞尔维亚-克罗地亚-斯洛文尼亚的
代表参加与奥地利、匈牙利或比利时相关的会议。其他协约国的代表，不
论它们各自的赔款要求和利益是否能够得到实现，都没有投票的权力。

一般而言，赔款委员会的决定是通过多数投票表决进行的，只有在
某些特定议题上才要求全体一致通过，其中最为重要的问题包括德国债
务的取消、分期付款的推迟、对德国与债务有关的债券的出售。执行这
类决议，赔款委员会拥有完全的权力。它可以设立执行委员一职，并授
予其权力。赔款委员会及其职员享有外交特权，其薪水由德国支付，但
是德国没有确定薪俸数额的权力。如果该委员会意欲充分行使其众多职
能，就必须建立一个官僚机构，它拥有数以百计通晓多国语言的职员。
这个机构将总部设在巴黎，把中欧的经济命运系于己身。

赔款委员会的主要职能如下：

(1) 根据条约赔款这一章的附件 I，仔细审查各国的赔款要求，确
定最终对各敌对国赔款要求的准确数字。这个任务必须在 1921 年 5 月之
前完成。德国及其盟国政府将得到"一个表述其意见的公正机会，但不
能参与赔款委员会的任何决议"。也就是说，赔款委员会不但是一方参与
者，而且同时也是裁决者。

(2) 确定了赔款要求之后，要为之起草支付时间表，以保证所有赔
款和利息必须在三十年之内清偿完毕。赔款委员会"考虑到德国的资源 133
和能力……给予德国代表表述意见的公正机会"，在可能的范围之内须
不时地修改这份时间表。

"在定期估计德国的赔款支付能力时，委员会还要对德国的税收体系

进行检查，德国的财政收入首先要用于支付其承担的赔款，其次，才可以用于公用事业或清偿国内债务，一般来说，德国的税收安排不能比代表赔款委员会的任一权力机构的税负为轻。"

（3）为了确保赔款委员会能够在 1921 年 5 月之前得到 10 亿英镑的赔款，该委员会有权要求德国上缴处于任何地方的任何财产，这就是说，"德国将以黄金、商品、船舶、有价证券或其他财产等赔款委员会指定的方式来支付这些分期付款"。

（4）德国在俄国、中国、土耳其、奥地利、匈牙利和比利时以及任何以前属于德国或其盟国疆域之内的公用事业中属于德国国民的权利和财产里哪些应该被剥夺并转交给赔款委员会，须由赔款委员会来决定。赔款委员会要对这些转交过来的财产进行价值评估，按照协约国遭受的破坏程度进行分配。

（5）赔款委员会将决定这些从德国剥夺的财产中有多少应归还给德国，以便足以维持其经济组织中人们的生活，并使德国能够在将来继续支付赔款。[1]

（6）赔款委员会对德国根据停战协议与条约所上缴的财产和权利的价值进行评估，其评估毋须因吁请或仲裁要求而做出，这些财产包括全部车辆、商业船舶、河上的船只、牲畜、萨尔区的煤矿、可授予信用的割让领土上的财产等等。

（7）赔款委员会要确定德国按照条约赔款一章中各附件规定每年偿付的数量及价值（在一定的范围之内）。

（8）赔款委员会要求德国归还可以鉴别原主的财产。

---

1　按照条约规定，主要协约国政府为了这一目的所任命的任何机构都具有这样的职能。但是，可以推测的是，它们不可能为这一特定目的而设立第二家机构。

(9) 赔款委员会接受、管理和分配所有从德国得来的现金和实物。它也可以发行和出售有关德国债务的债券。

(10) 赔款委员会将德国战前的公债份额分配给由委员会接管的石勒苏益格、波兰、但泽（现格但斯克市，波兰波美拉尼亚省的省会城市）、上西里西亚等割让地区，并把前奥匈帝国所承担的公债份额在各地区之间进行分配。

(11) 赔款委员会要清算奥匈帝国银行，并对前奥匈帝国货币体系的消亡和被取代进行监管。

(12) 如果赔款委员会认为德国无法履行其赔款之义务，应根据自己的判断进行报告，并提出强制性的办法。

(13) 一般来说，赔款委员会在处理奥地利、保加利亚、匈牙利和土耳其的问题时，所委托的下属机构也要执行同样的职能。[1]

此外，赔款委员会还有很多其他相对次要的职能。不过，上述提要已经充分展现了赔款委员会职权的范围和重要性。鉴于条约对德索取的赔款大大超出了德国的支付能力，这就使得赔款委员会权力的重要性更加凸显。因此，和约的条款授予赔款委员会以权力，令其根据自己的判断在认为德国的经济状况有其需要时可以酌减德国的赔款数额，这就尤其会使赔款委员会成为德国经济生活的仲裁者。赔款委员会不仅可以对德国总的赔款支付能力进行研究，还可以决定（在最初几年）有必要进口哪些食物和原材料。对于德国的税收体系［附件 II，第 12 段（b）］[2] 135

---

1　撰写此书时，对这些国家的条约还没有起草。对于土耳其的有关事宜，另外成立一个独立的机构来进行处理，是有其可能的。

2　尽管在随后的答复中，协约国方面对这样的目的拒绝承认，并称："附件 II 的第 12 段（b）既没有给予赔款委员会规定或加强税收的权力，也没有给予它决定德国预算性质的权力。"但是，据我观之，赔款委员会事实上是拥有这种权力的（如果这一段确实有其意涵的话）。

和国内支出，委员会可以施加压力，以确保德国的所有收入来源首先用于赔款支付。赔款委员会还决定着德国经济生活对机器、牲畜等的需求以及对煤炭的计划性生产。

根据条约的第 240 款，德国明确承认赔款委员会及其权力"与由协约国政府组成的机构一样"，而且"始终承认赔款委员会对条约所赋予的权力和权威的拥有与行使"。德国负责向赔款委员会提供所有的相关信息。第 241 款规定："对于贯彻执行这些条款所必需的立法、条例和法令，德国均须确保可以得到有效的传达、公布和维护。"

关于此点，德国财政委员会在凡尔赛所发表的评论并未言过其实："德国人民在经历了严酷的战争之后，就在他们准备建设民主的时刻，德国的民主就这样给彻底毁灭了，而毁灭它的，正是在战争期间不知疲倦地宣扬要带给我们民主的那一帮人……德意志已然不再是一个民族，不再是一个国家，它变成了一个纯粹的商业交易，被债权人转手给了另一方，完全没有给德国留下证明自己愿意履行义务的机会。赔款委员会在德国境外设有永久性的总部，它在德国的权力比德国皇帝昔日曾经拥有的权力还要广大。在这一政体之下，德国人民将会长达数十年被剥夺所有权利，其程度远甚于专制主义治下的人民，他们没有行动的自由，也将会丧失掉对德国经济，甚或道德进步的个人热情。"

在对这些评论所做的答复中，协约国拒绝承认其有任何的内容、根据或说服力。它们声称："德国代表团的这些评论，就赔款委员会所持的观点是扭曲的、不准确的，以至于很难让人相信他们曾平心静气或认真地对和约条款进行过研究。赔款委员会不是施加压力的引擎，也不是干涉德国主权的工具。它没有可以指挥的军队；在德国境内，它也没有行政上的权力；它不可能如评论中所言的那样能够主导或控制德国的教育或其他系统。赔款委员会的事务是询问德国将用什么支付赔款；保证德国所能支付的可以令委员会自己感到满意；一旦德国未履行赔款支付的义务，由于赔款委员会代表着各协约国，所以此时它应向各国进行报告。如果德国以自己的方式筹集到了所需的钱财，赔款委员会不能命令它以其他的方式筹集；如果德国用实物来支付赔款，除非条约明确规定不能接受，否则的话，赔款委员会就应当接受这种支付。"

我们将上文给出的摘要或条约本身与这番话进行对比，就可以发现这并不是关于赔款委员会范围和权力的公正陈述。例如，条约第 430 款规定："如果赔款委员会发现德国拒绝履行条约赔款一章所规定的全部或部分之债务责任，那么，无论是在驻军德国期间，还是上文提到的十五年期限结束之后，协约国的军队可立即重新占领第 429 款所规定的全部或部分地区。"但是，协约国对德国代表的评论所做的答复中却说赔款委员会"没有可以指挥的军队"，要判断这一说法不正确实在并不困难。我们可以发现，关于德国是否履行了约定以及它是否能够履行约定，做出决定的并不是国际联盟，而是赔款委员会自己；对赔款委员会不利的规定后"紧跟着的"就是对武装军队的使用。此外，协约国的答复中试图减控赔款委员会的权力，但基本是建立在如果德国可以"以自己的方式筹集到了所需的钱财"，赔款委员会就不会对之再做干涉这样的前提条件之上的，在这种情况下，赔款委员会的很多权力也确实不会生效。但事实上之所以设立赔款委员会，其中一个主要的原因就是预计德国不能履行加之于其头上的名义债务。

据报道，在听闻赔款委员会的一个部门将到访维也纳时，这座城市的人民决定把希望寄托在它身上，这种表现很值得玩味。很显然，赔款委员会从他们身上是拿不走分文的，因为他们一无所有；所以，赔款委员会还得对他们进行援助和救济。厄运当前，维也纳人的头脑还是这般

137

浑浑噩噩，竟作此想。但是，可能他们是正确的。赔款委员会与欧洲的问题联系得极为紧密，它要承担与其权力相称的责任。因此，它将来要扮演的角色可能与当初设立这个机构的人们本来的打算大相径庭。把赔款委员会转移到以追求正义而非利益为宗旨的国际联盟的麾下，通过更换其心脏和目标，谁又能说，赔款委员会不能由一个压迫和掠夺的工具，一变而为一个以恢复所有国家——乃至敌对之邦——人民福祉为目的的经济委员会呢？

## V. 德国的抗议

德国的抗议多少有些隐晦，也相当不诚实。赔款这一章中有关德国公债发行的条款，在公众脑海中的印象是赔款已经确定在 50 亿英镑，或者说不管怎么算这个已经是最低的数字了。所以，德国代表团就在这个数字的基础上来着手进行辩解，他们显然认为，任何少于 50 亿英镑赔款的数字**出现**都不会使协约国的舆论感到满意。由于他们并不真正打算支付如此巨额的赔款，所以就发挥其天赋的独创性，给出了一个协约国是如何得出这一数字的公式，然而事实上按照这一公式所得到的数字要远比 5 亿英镑为小。对于任何一个仔细阅读该公式并对事实颇为熟稔的人来说，这个公式很容易就会被识破，创造这个公式的人想用它来欺骗协约国的谈判人员，很难如愿。德国的战略是假设协约国的谈判人员背地里和他们一样，急于根据相关事实达成解决的办法，由于协约国政府向他们的人民保证过要得到大量赔款，所以，它们愿意在起草条约时进行合谋。这样的一个假设，在其他稍微不同的环境下本来是可能有着比较充分的依据的。但是，实际上这种精明的算计并没有让他们得到什么好处，如果他们一方面以一种更坦率无隐和公正无偏的态度给出自己认为应当承担的赔款数额之估计，另一方面正确地衡量自己的支付能力，那么他们本来是可以做得更好的。

　　实际上只有做到以下几点，德国才会去支付 50 亿英镑的赔款。第一，它以条约中的让步为条件，保证"德国将像停战协定中规定的那样保持领土完整，[1]继续占有殖民地和商业船舶——包括那些大吨位的船舶，德国人在本国和世界上皆享有与其他国家的人民同样的行动自由，所有战争法令立即宣布无效，战争期间对德国经济权利和德国私人财产等的干预将按照互惠原则加以解决"。这就是说，支付赔款是以废除其他大部分和约为条件的。第二，赔款要求不能超过 50 亿英镑这个最大值，其中有 10 亿英镑要在 1926 年 5 月 1 日前支付；全部赔款数额均不计利息。[2]第三，赔款总额中要减除以下信用额（当然还有其他一些项目）：(a) 根据停战协定交付给协约国的全部物资之价值，包括军事物资（例如德国的海军）；(b) 被割让地区所有铁路和国家财产的价值；(c) 如果被割让地区仍作为德国的一部分，则它们按照比例须分担德国的公共债务和赔款；(d) 德国在战争期间借给其盟国的债权的价值。[3]

　　尽管 (d) 项规定的信用总额几乎很难进行计算，但是根据粗略的估计，(a)、(b)、(c)、(d) 四项所要扣除的信用，与条约实际规定的信用相比，要超出 2 亿英镑。

　　因此，如果我们以条约所规定的作为基础来估计德国应该支付的 50 亿英镑赔款的实际价值，那么，我们首先必须要扣减 20 亿英镑，以冲抵条约的疏忽，然后，又因为延期赔款支付是不计利息的，所以为了得到实际支付的现值，还必须再打一个对折。这就使德国的赔款减少到了

139

---

1　不管这可能意味着什么。

2　假设赔款总额在 33 年内平均支付，与按照年息 5% 相比，不计利息使得赔款负担下降了一半。

3　我不打算对德国这个要求的细节详加罗列，因为上述的内容才是重点。

15 亿英镑，而根据我粗略的估计，条约要求德国支付的赔款是在 80 亿英镑的。

考虑到德国的赔款数额是以取消和约的其他大部分内容为条件的，尽管实在不能认为这是一个过分的数额，[1]但是 15 亿英镑本身也已经算是一个非常慷慨的支付了——事实上这个数额在德国也确实招致了广泛的批评。而如果德国代表团不以这类含糊其辞的语言来陈述他们所认为的德国的支付能力，他们本来可以做得更好。

在协约国对德国的这项抗议进行的答复中，有一项重要的规定我迄今一直没有论及，不过在这里可能适合对之进行讨论了。概而言之，赔款这一章起初在起草的时候并未做出任何让步，但是，协约国认识到德国所要承担的赔款金额**不能确定下来**毕竟多有不便，所以才提出一个方法，根据这一方法，最终总的赔款数额可以在早于 1921 年 5 月 1 日的日期中确定下来。因此，协约国承诺，在和约签订之后四个月内的任何时候（也就是说，截止到 1919 年 10 月底），德国应该自由地提交一个支付总数，用于解决和约规定的德国需要支付的全部债务，而协约国将会在随后的两个月内（也就是说，在 1919 年底之前）"尽其所能地对德国的任何提议给出答复"。

这个方法需要满足三个条件。"第一，德国当局在提议之前应与直接相关的协约国代表进行磋商；第二，这类提议必须是明晰的，必须准确而清楚；第三，提议必须接受和约所规定的范围和赔款条款，这些均不能再做讨论。"

这个方法根本没有对德国的赔偿能力问题进行考虑。它唯一关心的

---

1 出于这一原因，在这里并没有把这个数额与我在本章前面的部分所分析的德国赔款支付能力进行严格的比较。那里我是以和约的其余部分都生效之后德国的条件为基础来估计的。

是和约规定的赔款总额有多少钱——是（比如）70 亿、80 亿还是 100 亿英镑。协约国在答复中继续说道："这些问题都只是关于事实的问题，即关于赔款数额的问题，这类问题是可以用这种方法来进行处理的。"

如果将来的谈判当真按照这些方针来开展，那是不可能取得什么成果的。要在 1919 年底之前得出一个各方都同意的赔款数额，并不比在和会期间达成这一数额更加容易。确切地知道按照某种计算方法德国按照和约应当承担的赔款数额，对于德国的财政状况并没有什么帮助。尽管要想使协约国舆论在非常之早的时期上就充分地改变其倾向这一点几乎无可期待，但是，这些谈判确实还是提供了一个重新审视这整个赔款支付问题的机会的。[1]

我们不能把对德国赔偿问题的公平处理一概归之于我们自己的公约或者经济上的事实。我们要使德国整整一个世代都处于奴役之中，降低数百万人的生活水准，剥夺一个民族的幸福，本身就是令人可憎和不快的——即便我们得偿所愿，即便这样真的能养肥我们，即便这样没有为整个欧洲文明播撒下腐朽的种子，它也仍然是令人感到非常可憎、非常不快。有些人假正义之名，向世人宣示我们这种行为的正当性。但是，在人类历史的重大事件面前，在各个民族神鬼难测的复杂命运面前，正义并不是这样简单就可以轻描淡写一笔带过的。如果我们的行为真的是在行正义之事，那么敌邦父母或统治者所犯下的错误，任何国家都没有权利以宗教的名义或天赋的道德观念来罪及他们的子孙。

---

1 由于部分协约国在对和约的批准上有所迟延，所以直到 1919 年 10 月底，赔款委员会仍然没有被正式建立起来。因此，据我所知，目前还没有任何动作来实施上述这个方法。但是，也可能是由于环境的原因，规定的日期被推迟了。

# 第六章　和约之后的欧洲

本章必然充满着悲观的色调。和约未尝包含任何复兴欧洲经济的条款——它没有考虑如何把战败的中欧帝国变成我们友好的邻邦，没有考虑如何使那些新成立的国家稳定下来，没有考虑如何挽回俄国的局势；它也没有以任何一种方式在协约国之间休戚与共的经济关系方面达成协议；在巴黎，对于修复法国和意大利混乱的财政状况，或者调整新旧世界的各种体系，和会也没有做出任何安排。

对于这些问题，四人会议没有给予多少关注，而是一心想着其他的事情——克里蒙梭关心的是将其敌人的经济生活彻底摧垮，劳合·乔治关心的是做成一笔交易，带回家一些东西，好向国内的民意交差，而这些东西充其量也只能应付上一个星期而已，威尔逊总统不做正义和公正之外的任何事情。摆在我们面前的是再明显不过的事实，在他们眼里，诸如饥饿和分裂这类最根本的经济问题，基本上不大可能引起他们的兴趣。赔款是他们在经济领域关心的主要议题，而他们又是把赔款当作一个神学问题、政治议题和选举的伎俩来加以解决的，他们从各种角度来看待这一议题，却从未从他们所掌握的各国经济前途这一角度来加以考虑。

从现在开始，我要抛开巴黎，抛开和会与和约，来简略地考虑一下战争以及和约所造成的欧洲当前的局势；对战争所带来的不可避免的结果与和约本可避免的悲剧进行区分，不再是我的目标。

在我看来，当前局势的基本情况可谓一目了然，十分简单。今日欧洲的人口密度在世界历史上是最高的。这些人口已经习惯了相对较高的生活水平，即使是现在，欧洲部分地区的人们仍然期待着生活水平的提高而不是下降。相对于其他大陆，欧洲无法实现自给自足；尤其是食物无法满足自身的需要。在这个大陆内部，人口的分布是不均匀的，其中大部分人口集中在相对较少的几个工业中心。在战争之前，这些人口的生活是由一个精巧而又极端复杂的组织——其基础是由煤炭、钢铁、交通以及从其他大洲进口的食物和原材料构成——来保证的，并没有多少盈余。由于这一组织遭到了破坏，而且供应线也被中断，所以，其中的部分人口就丧失了谋生的手段。向外移民对于过剩的人口来说并不是一个有效的途径。因为即便有愿意接收他们的国家——这种情况并不常有——把他们运送到海外也需要长达数年的时间。因此，摆在我们面前的危险在于，欧洲人口的生活标准迅速下降，到达某个临界点，在这个临界点上，部分人将会处在饥馑的状态（俄国已经达到了这样的临界点，奥地利也庶几近之）。人不会总是平静地死去。因为饥饿会让有些人变得毫无精神，内心充满无助的绝望感，会让另外一些人紧张不安、歇斯底里和悲观绝望。这些处于困境中的人们可能会把欧洲组织的残余部分尽数摧毁，也可能会在他们不顾一切满足个人的强烈需要中湮没文明本身。我们所有的资源、勇气和理想现在应该联合起来，共同对抗这一危险。

1919 年 5 月 13 日，布洛克道夫-伦卓伯爵（Count Brockdorff-Rantzau）在协约国及其盟国的和会上发表演讲，就德国经济委员会有关和约情况对德国人口状况之影响所做的调查进行了通报。他们在报告中说：

"在过去两代人的时间里，德国从一个农业国家转变成了一个工业国家。作为农业国家，德国可以养活 4 000 万人口。作为一个工业国家，它可以确保 6 700 万人的生活；1913 年，德国的粮食进口量大约为 1 200 万吨。在战前，德国总共有 1 500 万人依靠对外贸易、海运以及直接或间接地使用国外原材料来维持生计。"报告在复述了和约中主要的相关规定之后，继续说道："产出下降了，由于殖民地、商业船只和外国投资的丧失，经济陷入衰退，之后，德国就不再能够从国外进口足够数量的原材料了。因此，德国的大部分工业将会被无情地摧毁。进口粮食的需要将会有很大增加，而同时，满足这一需求的可能性则大大降低。所以，在经过一段非常短暂的时期之后，德国就将不再能够给那些无法再去从事海运和贸易的数以百万计的德国人提供面包和工作。这些人们应该移民到国外去，但实际上这是不可能的，尤其是因为很多国家以及世界上最重要的国家都会反对德国移民进入自己的国家。因此，要将和约条件付诸实践，理论上就会造成数以百万计的德国人死于非命。这场灾难已经近在咫尺，因为德国人的健康早就被战时的封锁和停战期间更为严重的封锁所造成的饥馑给毁掉了。无论规模多大、持续时间多长的援助，都无法阻止这种全面爆发的死亡。"报告最后总结道："德国作为一个工业国家，人口密集，与世界经济体系有着紧密的联系，需要进口大量的原材料和粮食，如果它突然发现自己的经济条件和人口数量退回到了半个世纪之前的状况，我们不知道会有什么样的后果发生，事实上，我们很怀疑协约国和它们的盟国是否认识到了这一问题。在这份和约上签字，就是在数以百万计的德国男人、女人和孩子的死刑判决书上签字。"

对于这样的话语，我不知道有什么满意的答复。至少对于奥地利和德国的协议，这一控诉是适用的。这是我们面临的根本性问题，在这个问题面前，国与国之间疆界的调整、欧洲各国势力的平衡都显得无关紧要。无论是因为自然的伟力还是人为的因素，那些会带来人口增长的暂时有利的条件一旦突然失去，随后所引发的反应将会使人类倒退好几个世纪，这样的灾难在过去的历史当中时有发生；有利的条件一旦终结，它所带来的人口增长就超出了人类社会所能承受的极限。

当前的形势，其主要特征可以归结到以下三个方面：第一，暂时来看，欧洲内部的生产效率会出现绝对下降；第二，要将产品运送到最为需要的地方，所依赖的交通和交换体系已经瘫痪；第三，欧洲没有能力从海外购买它的日常所需。

生产效率的下降很难进行估计，而且也容易被夸大其词。但是，有关于它的初步证据是非常具有说服力的，这个因素也是胡佛先生（Mr Hoover）[1]思虑周详的警告之主要的依据。产生这一结果的原因多种多样：在俄国和匈牙利，是暴力和长期的混乱；在波兰和捷克斯洛伐克这些国家，则是因为国家新建，百废待兴，而主政者在调整经济关系上又缺乏经验所致；战争的伤亡或持续的动员，造成整个欧洲大陆熟练劳动力的损失；在中欧帝国那些国家，持续不断的饥馑导致效率的下降；战争期间，由于缺少肥料造成的土壤肥力枯竭；劳动者阶级对于关乎其生活的基本经济问题，在心理上又迟迟无法落实下来。但是，首要的一点是（让我们来引用胡佛先生的原话）："战争使人贫穷，不但在精神上也在肉体上使人处于紧张的状态，这使得大多数人身心俱疲，所以，他们

146

---

1　即赫伯特·克拉克·胡佛（Herbert Clark Hoover，1874—1964年），美国第31任总统（1929年3月4日—1933年3月3日）。1914年，第一次世界大战爆发，为了援助那些身无分文而被困于欧洲的美国人，从1914年到1915年，胡佛在伦敦担任美国救济委员会主席。这个委员会共帮助12万名贫困的美侨返回祖国。此后，胡佛又对比利时和法国进行了救济。1919年7月，这项救济工作宣告结束。美国救济委员会的工作，使胡佛成为风云人物，给胡佛带来了巨大的荣誉。由于胡佛在战争与饥饿救济中的杰出贡献，美国学者称他为"伟大的人道主义者"。——译者注

的工作努力程度也就会随之下降。"出于各种各样的原因，很多人处于完全的失业状态。根据胡佛先生所述，1919 年 7 月欧洲失业管理局发布了一份摘要，表明大约有 1 500 万个家庭正在领取不同形式的失业津贴，这些津贴基本上都是通过不断发行货币来进行支付的。在德国，劳动力和资本还面临更多的威胁（如果按照赔款条款的字面意思来实施的话），他们所生产的超过最低生活标准的任何产品都将会被剥夺。

对于这种总体上呈现衰退的景象，我们所掌握的可靠资料可能并不会使之再有所加重。但是，我要提醒读者其中的一两件事情。据估计，欧洲总的煤炭产量下降了 30%；而欧洲的大部分工业和整个交通运输体系都依赖煤炭。在战前，德国居民所消费的食物总量中有 85% 是由本国生产的，但是现在土地的生产力下降了 40%，牲畜的实际质量下降了 55%，德国自己所能提供的食物比例必然下降。[1] 俄国先前在欧洲诸国当中拥有大量的出口盈余，但是现在，由于交通运输的缺乏以及产出的下降，可能自己都快要饿死了。且不去说匈牙利所面临的其他麻烦，这个国家的庄稼刚到收获的季节，就被罗马尼亚人给洗劫一空。奥地利在 1919 年底前就已经把本年收获的粮食吃了个精光。这些数字令人触目惊心，以至于我们简直不敢相信；如果这些国家的境况不是如此之差，我们实际上对它们的信心可能还会更强一些。

不过，即便煤炭可以挖出来，粮食取得丰收，瘫痪的欧洲铁路系统也无法将它们运送出去；即便商品可以被生产出来，欧洲货币体系的崩溃也会使它们卖不出去。我已经描述过战争和投降停战协议的规定给德国交通运输系统造成的损失。但是，即便是这样，考虑到德国制造业的恢复能力，德国的情况可能还是会比它的邻国要好一些。在俄国（不

---

1　参看斯塔林教授（Professor Starling）的《德国食品状况报告》（Cmd.280）。

过，有关这个国家我们几乎没有什么切实而准确的信息），车辆的状况会让人完全陷入绝望，而这也是造成它当前经济上混乱的一个最为根本的原因。波兰、罗马尼亚和匈牙利的境况也好不到哪里去。然而，现代工业生活基本上是离不开有效的交通运输设施的，没有了它们，生活在现代的人们就无法继续生存下去。货币体系的崩溃和人们对其货币购买力的不信任，加深了这些问题的严重性，我们必须将这些问题与对外贸易联系起来进行更为细致的讨论。

那么，我们欧洲又是一幅什么样的景象呢？ 农村的农业产出可以供给农村人口的生活，但是却没有像往常一样的剩余产出供应给城镇，而且（由于缺乏进口过来的原材料，城镇能够生产的可供出售的产品在数量和种类上也很匮乏），农场主也不像以前那样有出售粮食以换取其他货物的动力；工业人口则因为缺乏食物而无法保持体力，由于缺乏原材料而不能维持生计，而且又不能通过从国外进口来弥补国内生产力上的不足。然而，根据胡佛先生所说，"粗略的估计表明，在没有进口的情况下，欧洲现在的人口比其所能供养的人数至少要多出 1 亿人，这些人必须依靠出口产品的生产和分配才能谋得生活。"

生产与交换的永久性循环在对外贸易上如何重新开启这个问题，要求我们必须暂且离题，先来探讨一下欧洲的货币形势。

据闻，列宁曾说过这样一句话[1]，要摧毁资本主义体系，最好的方式

---

1　这句话因为凯恩斯经济学大家的身份而被广为传播，甚至后世经济学家也以讹传讹，事实上，凯恩斯自己对此并没有十足把握，他引用的话是听来的，故曰"据闻"。根据香港学者林行止先生在《弗里德曼是凯恩斯信徒吗？》一文的考证，林先生根据英国著名苏联问题专家理查德·皮泼斯（Richard Pipes）1990 年出版的《俄国革命：1899—1919 年》一书证明，这句话并非列宁所说，而是另外一位布尔什维克拉宁（Larin）所言。拉宁在俄国革命时期是国家经济工作的负责人，这大概是他在干革命时摧毁帝俄的卢布体系时的经验总结。——译者注

莫过于破坏它的通货。通过持续地通货膨胀，政府可以在隐蔽、不易觉
察的方式下，将国民很大一部分财富予以没收。通过这种方法，政府不
但可以没收国民财富，而且还可以**任意地**进行没收；这个过程会让许多
人陷于贫困，实际上也会使有些人发财致富。这种对财富进行任意地重
新配置的现象，不但会影响到经济生活的安全，而且也会使人们对现行
财富分配的公平性失去信心。这个过程让有些人大发横财，不但超出了
他们之所应得，而且超出了他们的预期或希望，成为中产阶级仇恨的"暴
发户"，而中产阶级在这个过程中受到的打击并不亚于无产阶级。由于通货
膨胀的持续，致使货币的真实价值波动很大，作为资本主义最终基础的债
权人与债务人之间的稳定关系，在这样的变化当中完全被打乱，几乎丧失
了全部意义；取得财富的整个过程，堕落成了一场全凭运气的赌博。

列宁的话说得的确不错。要推翻社会的现行基础，再也没有比破坏
通货更诡诈、更拿得准的手段了。这种方法发动了经济规律在破坏方面
的一切隐蔽力量，以一种百万人当中都不会有一人发觉其病源所在的方
式，发挥着作用。

在战争的后期，所有交战国的政府都干过这种布尔什维主义者所曾
设计的勾当，有些是逼不得已，有些则是力量薄弱所致。即便是现在，
战争已然结束，它们中大多数由于没有足够的毅力，还是不能摆脱这一
恶习。而且还不止如此，现下欧洲很多政府不仅软弱无能，而且在手段
上还轻率鲁莽、无所顾忌，把这种不良政策带来的较为明显的后果，推
到所谓的"暴发户"这个阶层身上，从而激起民众对这个阶层的愤慨情
绪。大体而言，这些"暴发户"是资本家队伍中的企业家阶层，也就是
说，他们是这整个资本主义社会中的活跃分子或积极分子，在价格飙升
时期，无论他们是否存心如此，财富总是会迅速集中在他们手中，这是
大势所趋。如果价格持续上涨，那么，无论哪一个商人，只要手中拥有

存货或自己的资产与厂房设备，总可获得丰厚的利润。因此，欧洲的政府蓄意将仇恨情绪引向这个阶层，无异于把列宁所刻意设想出来的诡诈手段再往前推进一步。这些暴发户是价格飙升带来的结果而非起因。通货膨胀必然使得既有的契约关系和已经确立的财富平衡，受到猛烈而任意的干扰，再加上普通民众对企业家阶层的仇恨情绪，这就给了社会安全以重大打击，整个社会更加岌岌可危。如此一来，这些政府很快就把延续十九世纪社会经济秩序的设想推向了不可能的境地。但是，面对这种局面，对于寻找替代之法，这些政府却毫无办法。

如此一来，我们在欧洲看到的是这样一番景象：从十九世纪的工业革命中脱颖而出的大资本家阶级，仅仅几年之前似乎还是无比强大的主宰者，现在却变得极度虚弱了。这个阶级中的个体身上显现出来的恐惧和胆怯情绪，现在是如此显明，对于自己的社会地位和他们在社会组织中的重要性，他们的自信心非常不足，以至于很容易成为受人胁迫的牺牲品。二十五年前的英国不是这个样子，现在的美国也不是这样的。那个时候，资本家颇多自信，相信自己对社会的价值，相信他们继续充分地享受自己的财富和不受限制地行使权利是正当的。而现在，在各种凌辱面前他们心惊胆战——人们称他们是亲德分子、国际金融家或者投机奸商。他们愿意给你赎金，数目随你，只要你不要再那么严酷地谈论他们。虽然他们组成了政府，掌握着媒体，但是，却只能任由这些属于他们的工具来彻底地破坏和毁灭自己。或许，历史上已经灭亡的社会确实都是自我毁灭的。在西欧这个更加复杂的世界里，内在的意志可能会以更加微妙的方式来达成自己的目标，较之于俄国那些残忍嗜杀哲人的理智主义，克劳茨先生和劳合·乔治这种人无疑同样可以为西欧带来革命，并不会比他们逊色。对于我们来说，俄国的那种理智主义太过无情而又太具有根植于其民族的某种自觉了。

150　　　欧洲货币体系的通货膨胀问题已然十分严重。各个交战国的政府，或者软弱无能，或者鼠目寸光，在无法通过贷款或税收的方式取得它们所需的资源之时，便开始大量印制钞票来平衡支出。在俄国和奥匈帝国，它们的货币贬值到了对于对外贸易来说已经毫无价值的地步。波兰的马克只值大约 3 美分（1.5 便士），奥地利的克朗价值不足 2 美分（1 便士），但就是这样的价格，它们也根本卖不出去。德国马克的价值在外汇市场上不到 4 美分（2 便士）。在东欧和东南欧的其他大部分国家里，实际的情况差不多一样糟糕。意大利尽管实施了一定程度上的管制措施，但是其通货的价值仍然下跌到了只有其名义价值的一半多一点；法国的货币也无法维持在一个稳定的市场价格上；甚至英镑的当前价值也严重下跌，未来的前景同样不被人们看好。

尽管这些货币在国外的价值并不稳定，但是它们在国内市场上却没有完全丧失掉购买力，哪怕是在俄国也是如此。对国家法定货币的信任之情深植于所有国家民众的内心当中，除了相信这种货币迟早有一天会恢复到之前的至少部分价值之外，他们别无选择。在他们心中，价值是内在于货币本身的，他们并不明白，这些货币所代表的真正财富已经一去不返。各国政府通过各种法令，力求控制国内的价格，以便使法定货币保存一些购买力，正是这些法令在支撑着公众对法定货币的信任之情。因此，法律的力量保存了货币对一些商品的直接购买力，情感和习惯的力量则维持了人们——尤其是农民们——储藏实际上已经毫无价值的纸币的意愿。

然而，通过法律的力量对价格进行管制，从而维持货币的虚假价值，这种行为本身就蕴含着最终使经济衰退的种子，而且很快就会榨干151 全部的供给来源。如果一个人被迫要把自己的劳动成果换成纸币，经验很快就会教给他，按照他出售自己产品时的价格，他是没有办法购买到自己所需要的产品的，一旦了解到这一点，他就会把产品留给自己来用，或者把它作为一种恩惠送给朋友或邻居，或者更多地休息而不是努力地工作。一个强迫商品以不是它们真实的相对价格进行交易的体系，不仅会带来产量的减少，而且还会导致浪费和缺乏效率的实物交易出现。然而，一旦政府取消管制，任由事态自由发展，必需品的价格很快就会到达一个非常之高的水平，以至除了富人之外其他人都承受不起的地步，到时候货币之毫无价值的事实就会昭然于天下，对公众的欺骗也就再不能继续下去了。

通过价格管制和打击投机奸商的手段来治疗通货膨胀，其对外贸的影响甚至还会更加恶劣。不管国内是一种什么样的情况，该国的通货在国外必然很快就会达到其真实的价值水平，这是因为，国内的价格和国外的价格之间缺乏一般性的调整手段。进口商品的价格，在按照当前的汇价转换之后，会远远超过国内的价格，所以，许多必需品因其销售价格低于进口的成本价，根本不可能由私人机构进口到国内来，而只能由政府来提供，从而使得政府的财政雪上加霜，进一步陷入破产的境地。试看今日之欧洲，各国普遍对面包进行补贴，正是对这一现象的最好例证。

欧洲各国都在罹受着同样的灾难，我们根据在当前这一时期它们所遭受灾难的不同表现，可以将它们分成不同的两组。一组因封锁而断绝了国际交往，另一组则用盟国的资源来支付它们的进口。德国是第一组的典型代表，法国和意大利则是第二组的典型代表。

德国流通的货币量大约十倍于战前。[1]如果按照黄金来衡量，则德国马克的价值大约为其之前价值的八分之一。由于按照黄金计算的世界

---

1　若将贷款基金券[*Darlehenskassenscheine*（*loan fund notes*），这是 1914 年德国国家贷款办公处发行的纸币。——译者注]也纳入进去，会更多一些。

152 价格比战前翻了一倍多，因此，如果要对德国国内马克的价格进行调整，以使其与德国国外的价格保持一致，则德国国内马克的价格就应当调整到战前水平的十六到二十倍。[1] 然而，实际上的情况并不是这样。虽然德国的价格水平已经有了很大的上升，但是，就主要商品而言，仍然没有超过战前水平的五倍；除非同时对货币工资水平也进行堪称剧烈的调整，否则的话，价格是不可能进一步上升的。现存的价格失调在两个方面（其他障碍姑且不论）阻碍了进口贸易的复苏，而这种复苏本是这个国家经济重建的基本前提。首先，进口的商品价格超出了大部分人的购买能力，[2] 而人们可能会预期，一旦解除封锁就可以大量进口，事实上这从商业上来讲是不可能的。[3] 其次，对于一名贸易商或制造商来说，使用外国的信贷购买原材料以用于进口和生产，由此换回来的是价值极不稳定而且可能无法兑现的马克，这的确是一项大冒风险的事业。后面这一阻碍贸易复苏的因素很容易逃出人们的视线，值得多加重视。要想知道三个月、六个月或一年之后用外国货币衡量的本币价值是多少，在当下并无实现的可能。因此，实际的情况可能是，一个顾及其未来的信用和信誉的贸易商，即便真的有人为其提供英镑或美元的短期信用，他在是否接受这一信用上也会显得不太愿意或者犹豫不决。如果接受这一信用，他欠下的是英镑或美元，但是售出产品之后换得的则是马克，一旦

153 偿还债务的期限到来，他将这些马克换成需要偿还的那种货币的能力就

---

1 与之相类，奥地利的价格应当保持在二十到三十倍于战前的水平。

2 协约国政府在停战期间管理德国的被占领区时所面临的最引人注目且征候明显的一个困难，在于这样一个事实，即便这些国家的政府把食物运送到了这些地区，居民们也无力承受这些食物的成本价格。

3 从理论上来说，过低的国内价格水平应当会刺激出口，并最终实现自我平衡。但是，在德国、波兰和奥地利，可供出口的产品极少，或者根本就没有这样的产品。这是因为，在生产出口产品之前，必须先进口某些物资才行。

会成为一个大问题。商业失去了其真正的特征，变得比投机交易好不到哪里去，价格的波动彻底摧毁了正常的商业利润。

因此，分别存在三个阻碍贸易复苏的因素：国内价格和国际价格之间的失调；用以购买原材料的国外个人信用的缺乏，而这些原材料乃是保障营运资本和重启交易循环之所必需；失序的货币体系使得信用操作成了一件充满风险或者不可能的事情，这方面的风险远不同于普通的商业风险。

法国的货币流通量是其战前水平的六倍多。以黄金衡量的法郎的交换价值只有战前的三分之二还稍微不到一点；这就是说，法郎的交换价值并没有随着货币流通量的增加而同比例地下降。[1]法国这种明显要好于其他国家的形势，究其原因乃在于下面这样一个事实：一直到最近，法国进口物资中的很大一部分并不是由它自己来支付的，而是由英美两国政府的贷款来支付的。现在国外援助在逐渐减少，在出口和进口之间实现均衡的愿望，正变成一种非常重要的因素。[2]目前，法国的国内经济、其与货币流通量相关联的价格水平以及对外汇兑均建立在进口超过出口这个可能难以为继的基础之上。然而，除非降低法国的消费标准，否则的话，我们很难想到如何对当前这种情况进行重新调整，而即便是暂时

154

---

1　考虑到黄金价值的下降，如果法郎交换价值的下降与货币流通量的增加保持在同样的比例上，那么，法郎的交换价值应该不足战前的40%，而不是实际上的60%左右。

2　关于法国现在的国际贸易距离均衡尚有多么遥远，下表可以让我们一目了然：

| 月平均值 | 进口（千英镑） | 出口（千英镑） | 入超额（千英镑） |
| --- | --- | --- | --- |
| 1913年 | 28 071 | 22 934 | 5 137 |
| 1914年 | 21 341 | 16 229 | 5 112 |
| 1918年 | 66 383 | 13 811 | 52 572 |
| 1919年1—3月 | 77 428 | 13 334 | 64 094 |
| 1919年4—6月 | 84 282 | 16 779 | 67 503 |
| 1919年7月 | 93 513 | 24 735 | 68 778 |

这些数字都经过近似的平均汇率转换过，但是由于1918年和1919年的贸易是用1917年的官方汇率转换的，所以只是一个大概的数字。法国的进口可能无法维持如此之大的数额，在这样的事实基础上建立起来的是一种虚假的繁荣。

地降低消费标准，也将会激起法国人民强烈的不满。

意大利的局面并没有什么大的差别。货币流通量是战前水平的五或六倍，以黄金来衡量的里拉的交换价值约为战前价值的一半。因此，意大利货币交换价值对货币流通量的调整要比法国更为深入。另一方面，移民的汇款和旅游者的支出这些构成意大利"无形"收入的来源受到了极为严重的损害。奥地利的分裂又使意大利失去了一个重要的市场；而意大利对外国的船运和各种原材料进口的特殊依赖，让它在世界价格水平的上升过程中受到的伤害尤其严重。由于所有这些原因，意大利的形势非常黯淡，其贸易赤字在表征上与法国的情况一样严重。[1]

在法国和意大利，这些国家政府预算的不利局面更是加重了两国现存的通货膨胀和国际贸易失调问题。

在法国，征税艰难一直是一件远近皆知的事情。战前，法国和英国总的预算和人均税负差不多是一样的；但是法国在弥补不断上升的支出方面并没有取得什么实质性的成就。据估计，"在战争期间英国的人均税负从 95 法郎增加到了 265 法郎，而法国的人均税负仅从 90 法郎增加到 103 法郎。"法国于 1919 年 6 月底结束的这个财政年度里，公认的征税额尚且不到所估计的战后常规支出的一半。未来的常规预算不会少于8.8 亿英镑（220 亿法郎），也可能会超过这个数字；但是，即便是在 1919—1920 年这个财政年度，预计的税收收入也不会超过这一数字的一半。除

---

1 意大利的进出口数字如下：

| 月平均值 | 进口（千英镑） | 出口（千英镑） | 入超额（千英镑） |
|---|---|---|---|
| 1913 年 | 12 152 | 8 372 | 3 780 |
| 1914 年 | 9 744 | 7 368 | 2 376 |
| 1918 年 | 47 005 | 8 278 | 38 727 |
| 1919 年 1—3 月 | 45 848 | 7 617 | 38 231 |
| 1919 年 4—6 月 | 66 207 | 13 850 | 52 357 |
| 1919 年 7—8 月 | 44 707 | 16 903 | 27 804 |

了期望从德国获取大笔的赔款——法国的政府官员也知道这样的要求是没有根据的——之外，法国财政部部长没有任何的计划或政策可用来弥补这一巨额的赤字。同时，他们还通过出售战争物资和剩余的美国公债，甚至在 1919 年下半年，他们毫不犹豫地通过法兰西银行进一步扩大货币发行量，来弥补巨额赤字。[1]

意大利的预算形势可能要略好于法国。在整个战争期间，意大利的财政要比法国更富有进取精神，在征税和战争费用的支付上花费了更大的气力。然而，尽管是这样，意大利总理尼蒂先生（Signor Nitti）[2]在大选前夜（1919 年 10 月）对选民发表的书面讲话中还是认为，有必要告诉民众以下这些对当前形势的令人绝望的分析：（1）国家支出约为财政收入的三倍；（2）国家经营的所有产业，包括铁路、电报、电话等，都在亏损。虽然公众在以很高的价格购买面包，但是即便是这个价格也还是代表着政府每年高达 10 亿美元的损失；（3）现在每年出口的价值仅有进口价值的四分之一或五分之一；（4）国家债务每月增加大约 10 亿里拉；（5）一个月的军事支出仍然超过战争第一年时每个月的平均军事支出。

而如果法国和意大利的预算形势尚且是这样，那么，欧洲其他各交战国的财政状况就更加令人感到绝望了。在德国，1919—1920 年度帝 156 国、联邦各州和乡镇的总支出估计在 250 亿马克，其中由以前即已存在的税款来支付的不超过 100 亿马克。这样的情况下，又拿什么来对赔款进行支付呢？ 而在俄国、波兰、匈牙利或奥地利，甚至像预算这样的

---

1　在我所撰写的上两个关于法兰西银行的统计表里（1919 年 10 月 2 日和 9 日），这一周内货币发行量分别增加了 18 750 000 英镑和 18 825 000 英镑。

2　即弗朗西斯科·萨维里奥·文森佐·德·保拉·尼蒂（Francesco Saverio Vincenzo de Paola Nitti, 1868—1953 年），意大利经济学家和政治人物。1919 年和 1920 年接替奥兰多担任意大利第三十六任总理。——译者注

东西是否存在都是一个问题。[1]

因此，上文所描述的通货膨胀威胁并不仅仅是战争的产物，也不是和平一来就可以治愈的。它是一个将会持续下去的现象，现在还看不到结束的迹象。

所有这些影响结合在一起不仅会使欧洲无法立即提供充足的出口，以支付其所需进口的商品，而且还损害了欧洲的信用，难以确保重新启动交易循环所需的营运资本。此外，由于打破了经济规律的力量，使之进一步远离了均衡而不是趋向于均衡，这些影响因素反而使欧洲得以延续目前的状况，而不是让它从这种状况中解脱出来，走向复苏。摆在我们面前的，是一个低效率、高失业、无组织的欧洲，它被国内的冲突和国与国间的仇视所折磨，不断地争斗着，到处是饥馑、掠夺和欺骗。试问：要拿什么来保证欧洲的景象不是那么黯淡呢？

我在本书当中几乎没有怎么去关注俄国、匈牙利和奥地利这几个国家的情况。[2]在这些国家，生活状况的悲惨和社会的崩解人所共知，根本用不着分析。那些对于其他欧洲国家来说还只是预期可能发生的状况，

157

---

1　1919 年 10 月 3 日，比林斯基先生向波兰议会做财政汇报。他估计未来九个月的支出是过去九个月支出的两倍还多，而过去九个月的财政收入只有其支出的五分之一，未来九个月的预算收入是预算支出的八分之一。《泰晤士报》驻华沙的记者报道称："总体来看，比林斯基的语调洋溢着乐观情绪，这似乎是为了取悦听众而有意为之。"

2　加在奥地利共和国身上的和约条款与这个国家令人绝望的局势这一实际情况之间并没有什么必然的关联。维也纳的《工人日报》（*Arbeiter Zeitung*）（这是奥地利社会民主党发行的一份日报，存续时间为 1889 年到 1991 年。——译者注）在 1919 年 4 月发表了如下评论："从来没有哪一个和平条约的内容像凡尔赛和约这样，如此粗暴地背叛据称是指导和约缔结的那些本来的意图……在这个条约中，每一条规定都渗透着冷酷和无情，力透纸背的，是冰冷刺骨的冷酷，看不到一丝人类的温情，它背离了那些将人与人联系在一起的任何约定，它是对人性的犯罪，是对饱受痛苦和磨难的人们的犯罪。"对于奥地利和约的细节，我很熟悉，其中有些条款起草时我也在场，可我还是发现，要想反驳这种抨击之辞的正义性，实在并不容易。

在这些国家已经成了现实。它们拥有着广袤的领土和庞大的人口，是表明人类可以承受多深重的苦难，社会可以多么堕落的活生生的例子。最重要的是，对于我们来说，肉体的疾病如何在一场最终的劫难摇身一变成为精神的疾病，这些国家就是信号。经济上的贫困从容不迫地继续下去，只要里面的人能够忍受得下去，外界之人是不会关心的。身体的效能和抵御疾病的能力慢慢地下降，[1] 但是不管怎么样生命仍将延续，

---

1　过去几个月，关于中欧各帝国健康情况的报告显示前景不容乐观，只是引述这些报告的内容，人们都不免动容，在心中泛起一种负罪般的感伤之情。但是，它们大体上的真实性是不容辩驳的，下面我引述其中三份读者可能都会关注到的报告："在过去几年的战争中，仅在奥地利一个国家，就至少有 3.5 万人死于结核病，而单单维也纳就高达 1.2 万人。今天，我们至少有 35 万到 40 万结核病病人需要治疗……由于营养不良，使得正在成长中的一代人普遍患有贫血之症，他们的肌肉、关节和大脑都不会发育得很好"（《新自由报》，*Neue Freie Presse*，1919 年 5 月 31 日）。由荷兰、瑞典和挪威的医疗机构指派的对德国的情况进行调查的医生委员会，于 1919 年 4 月在《瑞典新闻》（Swedish Press）上这样报告："结核病——尤其是在儿童中间——正以一种令人感到震惊的方式在增长，总体而言是致命性的。同样，佝偻病更加严重，也更为流行。对于这些疾病，人类几乎束手无策；结核病患者没有牛奶可喝，佝偻病患者也吃不到鳕鱼的鱼肝油……除了到目前为止仅在一些特殊的案例中所了解的情况之外，结核病几乎可以被认为是一个我们目前对之了解甚少的病症。周身同时受到攻击，表现出这种症状的疾病实际上是无药可救的……如今在成年人中结核病几乎无从医治。医院中的病例，十个有九个是由结核病引起的。由于食物匮乏，对于这种疾病，人们毫无办法……在诸如腺体结核病这类最严重的病症当中，还可能会出现化脓的现象。"接下来这部分是 1919 年 6 月 5 日发表于《霍氏报》（*Vossische Zeitung*，亦译为《福斯报》。——译者注）的一篇报道，作者是一位曾随同胡佛代表团到访过厄尔士山脉的作家："我访问了大量农村地区，其中 90% 的孩子患有佝偻病，三岁才开始走路……如果你跟我一起到过位于厄尔士山脉（Erzgebirge）的一所学校，你会认为这是一所幼儿园，而事实上他们都已经是七八岁大的孩子了。瘦小的脸庞上长着一双呆滞的大眼睛，被蓬松、硕大而佝偻着的前额遮盖着，他们瘦弱的肩膀只剩下了皮包骨头，弯曲的、关节脱臼的双腿上方是肿胀、隆起的腹部，因为饥饿而出现了水肿……主管医生解释说：'你看这里的这个孩子，他吃了大量的面包，却一点也没有变得强壮。我发现他把拿到的面包都藏在稻草床垫子下面去了。对于饥饿的恐惧，深深地在这个孩子的心里扎下了根，以至于他把食物都储藏起来而不是拿来吃掉。这种被错误引导的动物性本能使他对饥饿的恐惧更甚，已经超过了真实的痛苦所带来的恐惧。'"然而，即便已经是这样，仍然有许多人认为，为了减轻英国纳税人的负担，他们应该一直缴上贡奉，一直到他们四十或五十岁为止，而且，在这些人看来，这样的要求显然正大光明。

直到最终达到人类耐受力的极限，绝望的忠告和疯狂把受害者从危机前
158 的昏睡中惊醒。然后，人类再重新苏醒，振衰起敝。观念的力量至高无
上，任何流传中的有关希望、幻想或复仇的教导，都会被听取。在我落
笔之时，俄国布尔什维克主义的烈焰至少暂时看来似乎要把他们自己灼
烧殆尽，而中东欧的人们则陷入了令人感到可怕的麻木状态。最近的丰
收使我们脱开了最极端的匮乏之虞，在巴黎，和平已经宣布来临。然
而，凛冬已近。人们再也无可期盼，也不再抱有希望。对于那些城镇居
民来说，没有燃料可以缓解这冬日的严寒，也没有粮食可以慰藉那饥饿
的躯体。

仰天长问！人们忍耐的限度还有多少，最终从哪个方向来寻求脱离
159 苦海，谁人可以为此作答？

# 第七章 补 救

在重大的事务上保持正确的观点并不容易。我曾对巴黎和会的工作多所批评，对于欧洲的状况和前景之描述也常带着忧郁的色调。这是事态的一个方面，我相信这也的确是其真实的一面。但是，现象如此复杂，预兆不可能仅指向一个方面。我们总是期待从那些可能并非**全部的**相关因素中非常迅速而必然地推出结果来，这个时候，我们就可能会犯下错误。前景的晦暗本身会让我们怀疑这种推断的准确性，过于感伤的叙述也会让我们的想象力变得呆滞，而不会对之有所刺激，我们从这种感受当中有所反弹，从而心生疑惑："这一切会不会太过悲惨，以至于不可能是真实的吧？"但是，在读者让自己被这些自然的反应严重动摇之前，在我把他引导到改善和补救这一局面，并进而发现令人感到欣慰的趋势——这也是本章的目的所在——之前，我们可以先令其回顾一下两个对比鲜明的国家——英国和俄国，来让他的思想重获平衡。这两个国家，其中一个可能会让读者过于乐观，而另一个国家则提醒他们灾难仍可能会发生，对于那些最大的灾祸，现代社会并非完全免疫。

在本书的许多章节中，我基本上没有去思考英国的局势和问题。在我的叙述中，"欧洲"一般来说是不包括英伦诸岛的。英国正处在变迁之中，其经济问题颇为严重。我们可能正处在英国社会结构和工业结构巨大变革的前夜。对于这些变化，我们之中有人欢欣鼓舞，有人则痛心不已。但是，这些变化完全不同于欧洲大陆即将发生的变化。在英国，灾难或社会总体发生剧变的可能性，我丝毫也没有发现。战争的确使我们陷入了贫穷，但是并不是多么的严重——我认为，英国在 1919 年的财富至少和它在 1900 年的财富差不多。我们的贸易平衡处于逆差当中，但是进口比出口还没有多到需要打乱我们的经济生活才可以对它进行重新调整的地步。[1] 我们的预算赤字的确不小，但是也还没有超出企业和谨慎精明的政治家所能弥补的能力。劳动时数的缩短可能多少会降低我们的生产力。但是，我们不应该过分地期望这是转型期的一个特征，没有哪一个熟知英国工人的人会怀疑这样的事实：对于英国工人而言，只要适合于他，只要他对自己的生活条件表示认同和满意，他在更短的工作日内至少是可以生产出与之前盛行的更长工作日内一样多的产出的。英国那些最为严重的问题被战争推到了危急关头，但是这些问题是有其更为基础的根源在的。十九世纪的社会力量循路而行，已是强弩之末。那一代人的经济动机和理想追求已经不再能够使我们感到满足：我们必须寻找新的道路，必须再次经历新工业诞生的动荡不安和最终的剧痛。这是其中的因素之一。另外一个因素我已经在第二章进行过详述，即食物所带来的实际成本提高和世界人口进一步的增加所带来的自然产出的减少，

---

1　英国的进出口数字如下：

| 月平均值 | 净进口（千英镑） | 出口（千英镑） | 入超额（千英镑） |
| --- | --- | --- | --- |
| 1913 | 54 930 | 43 770 | 11 160 |
| 1914 | 50 097 | 35 893 | 14 204 |
| 1919 年 1 月—3 月 | 109 578 | 49 122 | 60 456 |
| 1919 年 4 月—6 月 | 111 403 | 62 463 | 48 940 |
| 1919 年 7 月—9 月 | 135 927 | 68 863 | 67 064 |

但是，这一贸易逆差绝对不像它所看起来的那样严重；因为当下的商业船舶运费不菲，英国的各种"无形的"出口也许比战争之前还要高，可能平均每月至少有 4 500 万英镑。

对于这个世界上最大的工业国家，同时也是对进口食物供应最为依赖的国家来说，这一趋势带来的伤害尤其严重。

但是，诸如此类的世俗问题每代人都逃不过，它们与使中欧人民备 161 受折磨的那些问题全然有别。那些基本上只关心自己所熟悉的英国情形的读者们，倾向于沉浸在乐观的氛围中，而那些生活在美国的读者们更是如此，这样的读者应当多去关注一下俄国、土耳其、匈牙利或奥地利的情形，这些国家正在经历着最可怕的灾祸，人们饱受饥馑、严寒、疾病、战争、谋杀和无政府状态的折磨，如果他们想去认识这些灾祸的性质，就会认为寻求补救的措施——如果有那么一个的话——以阻止其进一步蔓延，乃是我们义不容辞的责任。

那么，接下来我们该做些什么呢？ 对于读者来说，本章这些初步的建议可能并不足够。但是，在停战之后的六个月时间里，机会在巴黎就那么白白地错失掉了，而我们现在对于补救那个时候犯下的错误是无能为力的。社会所面临的大规模的匮乏状态和巨大的风险已经无可避免。我们现在也只能尽我们所能地去矫正彼时确定下来的各种事件发展的基本经济趋势，从而促进繁荣和秩序的重建，而不是再将我们引向更加深重的灾祸中去。

我们首先得从巴黎和会的那种氛围和方式中逃脱出来。那些操控和会的人士在舆论的疾风面前可能会低头屈服，但是他们永远也无法带领我们脱离困境。我们很难相信，四人会议会改弦更张，即便他们想这样做也是不可能的。因此，更换欧洲现任的各国政府，几乎是必不可少的基本前提。

对于那些认为《凡尔赛和约》不可能持续下去的人们，我则有这样的提议：希望在以下各项主题之下讨论一个方案出来：

I. 对和约进行修正；

II. 解决协约国内部的债务；

Ⅲ. 提供国际贷款，并进行货币改革；

162　　　Ⅳ. 处理中欧各国与俄国之关系。

## Ⅰ. 和约的修正

要使和约得以修正，我们可以采用什么样符合章程的办法呢？ 威尔逊总统和史末资将军 (General Smuts) [1] 相信，通过国际联盟盟约，可以保证消除许多由和约所带来的弊病，这表明，我们必须依靠国联才能使欧洲逐渐取得可以过得去的生活。史末资将军在和约上签字时曾称："有关领土方面的条款，将来需要加以修正。曾经的敌人，现在武装即已解除，处在和平环境之下，脾性当会归于温和，因此，现在所规定的一些保证事项，希望不久之后会与实际情况不再适应，从而有修正和约条款的必要。有些惩罚条款，在更为平静的心境下加以看待时，可能会逐渐被人们淡忘。所定的有些赔偿办法，如果强制执行，则会对整个欧洲的工业复兴造成严重打击，若能使之趋于温和、适中，酌情加以减免，于各方都有好处。……我相信，对于如何使欧洲摆脱这次大战所带来的灾祸，国际联盟必将会找到可行的路径。"1919 年 7 月，威尔逊总统向参议院递交和约时曾这样表示，如果没有国联，"……要使德国在下一代人之内完成赔偿责任，对它在赔偿方面的长期持续的监督，可能根本无法行得通。[2] 和

---

1　即扬·克里斯蒂安·史末资（Jan Christiaan Smuts，1870—1950 年），南非著名政治家和将军，还是一位律师和哲学家，生于英国开普殖民地，对国际联盟的成立做出过很大贡献。1917 年，英国首相劳合·乔治邀请他参加英国战时内阁，一战结束后，他主张和德国签订温和的和平条约。——译者注

2　威尔逊总统错误地建议，把监督赔款支付的任务委派给国际联盟。正如我在第五章指出的那样，虽然和约的大多数具有持续性的经济和领土条款将责任赋予了国际联盟，但是赔款事务则不然。在赔款问题及其修改方面，赔款委员会具有最高的权力，任何问题均不需诉诸国际联盟。

约所规定的行政安排和限制条件，经过重新考虑并再度修改之后，如果实施的时间太长，可能也不一定会带来持久的利益或完全的公平，实际上也许会无法执行。"

两位国联的发起人都劝我们寄希望于这个国际组织，以实现事态朝有利的方向发展，那么，我们来看到底有多大的希望可以寄托在国际联盟的身上呢？ 在盟约第 19 款，可以找到与此相关的段落，内容如下："如果国际联盟的议事会认为和约与现实有了不相适应的情况，考虑到国际局势的变化，继续下去会危及世界的和平，那么议事会可以随时向国际联盟成员国进行劝告，请它们重新加以考虑。"

呜呼！而第 5 款又是这样说的，"除非本盟约另有明确规定，或经本盟约条款明令，否则议事会或理事会会议的决定，须经与会的国联全部会员国一致同意，方可获得通过。"就对和约任何条款及时加以重新考虑这一点而言，这一条款是否将国联这个机构陷于仅仅是一个浪费时间的机构之地了呢？ 如果参与和约的所有各方一致认为需要对某点做出修改，那么根本就不需要成立一个联盟并制定盟约来执行这样的议案。退一步讲，即使国际联盟的议事会意见一致，它所发挥的作用也仅限于"劝告"成员国重新加以考虑而已。

但是，支持成立国联的人士认为，国际联盟将会在它对世界公共舆论的影响下发挥作用。即便在法律上并没有什么效力，但多数派的观点也将会在实践中取得决定性的权重。让我们祝愿实际情况果能如此吧。然而，国际联盟在训练有素的欧洲外交家手中，很可能会变成一个制造障碍和拖延时机的绝佳工具。关于和约的修正，主要还不是托付给经常召开会议的理事会，而是交给议事会来管理，它召开会议的次数却要少得多。但凡对联盟国家之间召开大规模会议有着一定经验的人都知道，这样的集会其参加者背景殊异，语言庞杂，辩论过程开展迟滞，行动笨拙，最为重大的决议和最该当机立断的管理决策，到了关键时刻，往往流于形式，全无结果可言，最终所能取得各方赞同的，只能是维持现状而已。盟约中确实存在着两大致命的缺陷——第 5 条款，它规定必须在会员国之间取得一致同意；以及广受批评的第 10 条款，根据此款，"国际联盟各会员国对于一切会员国的领土完整和现有的政治独立要予以尊重，并且反对一切外来侵略。"和约中的这两款双管齐下，打破了把国联作为进步工具的想象，从一开始就埋下了偏见的伏笔，几乎必然要迈向维持现状一途了。正是这些条款，迎合了一些国联最初的反对者的心态，他们现在想把国际联盟变成另外一个神圣同盟，将他们昔日的敌人在经济上陷于万劫不复之境，为了自己的利益而保持力量的均势，他们自以为是地认为，这种均势乃是由和约确立下来的。

但是，如果我们为了"理想主义"而对和约修正问题当中实际的困难视而不见，无疑也是愚不可及的，无论我们谁都没有理由因此而对国联痛加贬责，凭借世人的智慧仍然可以将这一国际组织转化为维护和平的有力工具，即就盟约第 11 款到第 17 款而言，[1]它已经取得了充满善意的非凡成就了。因此，我认为，对于和约修正事宜，我们首先应当努力的，必然是通过国际联盟而非其他方式来谋求实现之道，如果确有必要，还希望依靠一般社会舆论的力量，再加上对金融压力和金融诱力的使用，能够有效地防止少数顽抗分子行使其否决权。我们必须相信协约各国上台的新政府，对它们要保有信心，相信它们所思所虑会更深远，比它们的前任在气度上也更广大。

我们在第四章和第五章已经看到，在和约之中，存在着众多令人感

---

1　这些条款防止了国际联盟各会员国之间以及会员国与非会员国之间战争的爆发，是国联盟约取得的名副其实的成就。这些条款使得在有组织的强权之间爆发战争的可能性大大低于了 1914 年时的情形。仅凭此点，国际联盟就可以博得一切人的赞赏。

到难以认同的细节。我不打算在此对之穷究，或对和约修正问题逐款加以讨论。我只对以下三个方面——赔款、煤和铁以及关税——的重大变化来谈一谈，这些方面的变革，对于欧洲的经济生活而言都是不可或缺的。

**赔款**。如果所要求的赔款总额少于协约国在对外债务严格解释下有权索取的数额，那么，对于支付赔款的各个项目而言，就没有必要逐一详述了，对于各个项目的拟定、核算，也不必详查其间的论证情况。因此，我直接给出如下这些解决的办法：

(1) 德国关于赔款方面的支付额和占领军的费用支出可以规定在 20 亿英镑。

(2) 根据和约收缴的商船和海底电缆、根据停战协议收缴的战争物资、割让领土上的国有资产、以这些领土为抵押的公共债务要求权，以及德国对以前各同盟国的债权，所有这些总的估计价值可被认定为 5 亿英镑，不需要再逐项进行估值。

(3) 其余待付的 15 亿英镑不应再计利息，应该由德国从 1923 年起分三十年分期偿付，每年支付 5 000 万英镑。

(4) 赔款委员会应就地解散，或者如果还有一些未竟的工作需待完成，它也应当变为国际联盟的一个附属机构，并且在这个委员会中要设有德国和其他中立国的代表席位。

(5) 德国可以根据自己认为可行的方式，对按年分摊的赔偿数额如何实行予以确定，如果到时它未能履行赔款义务，任何申诉皆须向国联提出。这即是说，对于德国在国外的私有财产，不能再行征没之事，除非在协约国和美国对于已经被清算或已由国际信托委员会和敌国资产管理委员会接收的这类德国私有资产的收益，须用来偿付德国自己的债务之时，才能如此；尤其是第 260 款（该款规定了对德国在公用事业企业的收益上进行没收的事项）应予取消。

（6）对于奥地利，不应再要求其支付赔款。

**煤炭和钢铁。**（1）在附加条款第 5 条之下，协约国对于德国煤炭资源的特权应予放弃，但是德国曾破坏过法国的矿产资源，使法国遭受了166 煤炭资源的损失，因此它在这方面的赔偿责任应该继续保留。这就是说，德国"应该在不超过十年的时间内，每年赔偿法国北部省和加莱海峡省由于战争破坏而比战前减少的产量数额。这一赔偿额开始的前五年每年不超过 2 000 万吨，五年之后每年不超过 800 万吨"。尽管如此，仍要指出的是，一旦将来全民公决结果出来，若然上西里西亚的矿区不再为德国所有，那么德国对法国的这项赔偿义务也应予解除。

（2）对于萨尔区的处置应仍然有效，不过，一方面德国对于萨尔区的矿产资源不再拥有任何权利，另一方面德国可以在十年后无偿而且是无条件地收回这一地区的土地和矿产资源。但是，这当以该时期内法国对德国应签订协议将洛林供应给德国的铁矿定在至少不低于战前数量的一半，作为德国对洛林地区供应煤炭的交换条件，在此期间，德国方面的供应量，按萨尔区的产量扣除之后，应与战前的供应量总额保持一致。

（3）对于上西里西亚的处置应仍然有效。这即是说，应当举行全民公决，主要协约国及其联盟国家"应当顾及由投票结果所表达的居民愿望，并要考虑到该地区的区位和经济状况"。但是，协约国方面也应该言明，除非居民的意愿完全相反，否则协约国方面即可认定"经济状况"要求产煤区应当留在德国境内。

（4）协约国已经成立的煤炭委员会应该成为国际联盟的一个附属机构，并应扩大范围，将德国、中欧和东欧其他国家、北欧中立国家和瑞167 士的代表也纳入其中。其权力仅限于顾问，但应可扩及关于德国、波兰、前奥匈帝国组成部分的煤炭供应之分配，以及英国可供出口的剩余煤炭之分配这类问题上。所有在煤炭委员会拥有代表的国家皆负有责任向它提供最充分的信息，并在它们的主权和重要利益允许的情况下听从其建议。

**关税。**应当在国际联盟成员国的支持下成立一个自由贸易同盟，同盟内各会员国对于其他会员国的任何产品不得征收保护性关税。[1]德国、波兰，原属奥匈帝国和土耳其的如今新建的国家，以及托管地区，均应强制加入这一同盟，为期十年，期满之后是否继续留在同盟之内，任由自决。其他的国家，从一开始即应让它们自愿选择是否加入。不过我希望无论如何英国都应当成为该同盟的初始会员国。

我们通过把赔款数额适当地定在德国人的支付能力之内，可能可以重振德国国内的士气，重燃德国人对前途的希望之火，这样可以避免由那些无法施行的和约条款所带来的不必要的压力和长期摩擦，而且使赔款委员会的那些高压手段也不再有行使的必要。

我们通过把与煤炭资源直接或间接相关的条款改得更为适度，并且允许以铁矿进行交换，可以使德国的工业生活得以延续，德国的钢铁业在区位上的天然布局受到了政治划界的干扰之后，会丧失一定的生产力，通过对和约条款的修正，可以将这种在生产力方面的损害程度降到最低。

168

---

1　到底什么才是"保护性关税"呢？为了便于理解，我们这样来进行定义：保护性关税制度允许的是（a）完全禁止某些商品的进口；（b）对于国内不生产的商品，征收奢侈品税或收入税；（c）对于国内也有生产的商品征收关税，但是税率不超过对国内同类商品所征抵消消费税额的5%；（d）出口关税。此外，在参加同盟的各国经过多数投票表决之后，还要容许一些特殊的例外情况存在。如果某国在加入同盟之前实行某种关税制度已经满五年，那么，在加入同盟之后，要允许它在五年之内，在按年平均的情况下，逐步取消原来的关税制度。

我们通过提议设立自由贸易同盟，可以挽回在组织和经济效率方面的部分损失，这些损失是大战之后出现的无数新的政治划界以及成立的许多民族主义政权所造成的，它们的特征无不是贪婪而猜忌、缺乏经验而又在经济上存在诸多的缺陷。只要少数几个大的帝国仍然统治着大片的疆土，那么经济上的划界总还是可以容忍的。但是，当德国、奥匈帝国、俄国和土耳其这样的一些帝国被二十个左右的独立政权分割时，经济上的界限划分就变得难以容忍了。如果能有一个自由贸易同盟将整个中东欧和东南部欧洲、西伯利亚、土耳其，以及（我这样希望）英国、埃及和印度都纳入同盟之内，则对世界的和平与繁荣，会做出巨大贡献。我们期待比利时、荷兰、斯堪的纳维亚和瑞士不久之后也能加入这个团体。对法国和意大利抱有友好态度的人们，也非常希望这两个国家能够一起参加这个同盟。

我想，或许还会有人反对这一主张，这些批评者们可能认为，这样的安排实际上是在实现昔日德国关于"中欧大帝国"（Mittel-Europa）的梦想。[1] 如果其他国家愚蠢到自处于同盟之外，让德国尽得其利，那么，这种看法或许是对的。但是，一个人人均有机会参与进来、无人可以享有特权的经济体制，与意在排斥和歧视、尽享特权的露骨的帝国主义计划，毫无共通之处，也决然不会具有那种计划下的目标。我们对于这样一些批评所采取的态度，必然取决于对国际关系和世界和平的前途在我们整个道义和情感上的反应如何。如果我们采取这样的立场，认为德国未来至少一代人即便最低的繁荣也不许享有，而近来走到一起的协约国

---

1　所谓中欧大帝国，是德国在一战时期由德国皇帝威廉二世和他的幕僚提出的野心勃勃的大德意志帝国计划，试图以征服和吸纳等手段，组成一个囊括奥匈帝国、比利时、土耳其、巴尔干各国，以及法国北部、俄国西部地区在内横亘中欧的大帝国。——译者注

的人民都是上帝的宠儿，新近才成为我们敌人的德国人、奥地利人、匈牙利人等等都是天生恶徒，认为年复一年德国人必须长期受贫穷之苦，他们的子孙要忍饥挨饿，使德国永远处于敌人的包围之下。如果是 169 这样的话，这篇文字中的一切建议都可以弃之不顾，尤其是这些建议中的某些甚至还可以帮助德国局部地恢复其以前的物质繁荣，为它某些城市的工业人口解决生计问题，就更加不能被接受了。但是，如果对于各个国家以及各国彼此之间的关系，西欧的民主国家能够接受本文所述的观点，而且还能得到美国的财政支持的话，那么我们大家都会受到上天的护佑。而如果我们一意孤行，蓄意要使中欧陷于贫困之地，我敢预言，复仇的烈焰绝不会止息。在对德战争的恐惧尚未完全散尽之前，保守势力和陷于绝望的革命力量之间，爆发最后冲突的时刻，必然不会太久。到那个时候，无论胜利属于哪一方，我们这一代的文明和进步都将无法得到保全。如此结局，让人如何不感沮丧！要知道，一个国家的繁荣与幸福会对别的国家产生联动的促进作用，人类本是一体，彼此休戚与共，这一点绝非空言，四海之内皆兄弟，国与国之间，彼此仍然是有可能当作同胞来对待的，正是这样，难道我们不应该对前途抱着更具善意的期待，并以此作为我们行动的依据吗？

前述我所提议的这些和约修正的意见，对于欧洲工业人口得以继续维持生计，可能会起到一些明显的效果。但是，仅就这些修正本身而言，还是远为不足的。尤其是关乎法国的情况，在理论上法国遭受了损失（仅仅是理论上，因为就其当前的要求来说，绝不会得到真正的满足），为使它摆脱这种难堪之境，必须要从其他方面加以努力。因此，我继续给出以下两点建议：第一，美国以及协约国自身之间关于债务清偿要求的调整；第二，要有充足的信贷供给，才能使得欧洲重新获取流通资本的存量。

## II. 协约国内部债务的处理

在赔偿条款的修正上，到目前为止，我一直考虑的都是对德关系方

170 面。但是，出于公平的要求，有关协约国自身之间债务的分配比例，也

必须重做调整，同时将数额大大降低。战争期间我们的政治家在公开演

说中每次都会提到，在敌人侵占之下受到损害的地区，对于赔款的领受

应当享有优先权，即使从其他方面考虑，亦复如是。而这一点可以说是

我们要努力争取的最后目标之一。然而，我们从来没有将获取出征军人

与家人分离而应得的津贴作为要争取的目标之一。因此，我建议，我们

自己应当用行动，来表明我们的诚意是可以信赖的，为了帮助比利时、

塞尔维亚和法国，我们英国应当相应地放弃关于现金赔款的一切要求

权。这样，德国支付的全部赔款，就可以首先用来补偿那些受到敌人实

际侵占的国家和地区所遭受的物质损失，以满足重建的需要。而且我相

信，如此则可资利用的资金总额将达 15 亿英镑，这足以抵补重新恢复这

些地区所需要的全部建设费用。进一步讲，英国只有通过完全放弃它在

现金赔偿方面的要求，才能在提出修正和约时，以坦荡之姿而不罹非

议，在恢复被毁弃的原约方面，英国因要承担主要责任故而被破坏的令

誉，乃是由于在 1918 年大选之后英国代表奉行的政策方针所致。

赔款问题经过如此清理之后，提出另外两个财务上的建议就可能更

加体面，成功的希望也会比较大，这两个建议都和美国有关，都要依靠

美国的慷慨大度方能实现。

第一，出于战争之目的而造成的协约国内部债务（也就是说，各协

约国以及相关国家的政府之间的债务），应当全部予以取消。这一建议在

某些地区已经开始实施，我认为，这对于未来的繁荣是绝对不可或缺

的。作为相关的两大强国，英美两国若能采纳本建议，那真是一项体现

了高瞻远瞩的政治家风范的举动。这笔债务的总额（以百万英镑计算）　171

大致如下表（表1）所示：[1]

**表1**

| 借入者＼借出者 | 美国（百万英镑） | 英国（百万英镑） | 法国（百万英镑） | 总额（百万英镑） |
|---|---|---|---|---|
| 英　国 | 842 | — | — | 842 |
| 法　国 | 550 | 508 | — | 1 058 |
| 意大利 | 325 | 467 | 35 | 827 |
| 俄　国 | 38 | 568[2] | 160 | 766 |
| 比利时 | 80 | 98[3] | 90 | 268 |
| 塞尔维亚和（前）南斯拉夫 | 20 | 20[4] | 20 | 60 |
| 其他协约国 | 35 | 79 | 50 | 164 |
| 总　额 | 1 900 | 1 740 | 355 | 3 995 |

这样，假设从一个国家中借出的额度与借入的额度不相抵消的话，则协约国相互之间的债务总额约近40亿英镑。其中只有美国是单纯的借出者。英国的借出额大约是借入额的一倍。法国的借入额大约是其借出额的三倍。其他各协约国都是单纯的借入者。

如果上述这些协约国内部的债务可以一笔勾销，那么理论上来说（即假设所有这些借贷都是切实存在的），美国放弃了大约20亿英镑的

---

1　此表中的数字一部分是估算出来的，可能在具体细节上并不完全精确。但是，就目前的论证之目的而言，它们所给出的数字上的大概，在精确性上也已经足够了。英国的数字摘自1919年10月23日的白皮书（Cmd.377）。在任何实际操作中，根据某些黄金贷款以及其他各方面来进行调整很有必要，而我所关注的仅是其中所蕴含的更具广泛意义的原理。总额中没有包括英国在美国市场的贷款，法国在英国和美国市场上的贷款，以及法国在英格兰银行的贷款。

2　对于自布尔什维克革命以来的债务利息，此处未加考虑。

3　给这些国家提供的预付款未计利息。

4　截止到目前，美国贷出的实际贷款总额快要接近20亿英镑，但是我没有拿到最新的详细数据。

净债权，英国放弃了约 9 亿英镑的净债权。法国会得到约 7 亿英镑，
172 意大利得到约 8 亿英镑。但是这些数字夸大了英国的损失，低估了法国
的得益；因为两国债款中很大一部分是借给俄国的，任凭我们如何驰骋
我们的想象力，要想相信这笔债款有收回的把握，也有一定的困难。如
果英国借给其盟国的债款以其全部价值的 50%来计（这是一个方便但却
武断的假定，英国财政大臣不止一次采用过这个数字，对于国家收支平
衡这个目的而言，以这一数字为依据，要比任何别的依据都更为适当），则
将债务债权均予以取消的话，英国虽无所得，亦无所失。但是，理论上的
计算是一回事，不管计算下的净结果如何，有关战争期间的债权债务纠纷
若能一旦廓清，则可以解除心理上的焦虑，而这一点有重大意义存焉。因
此，此议能否施行，关键还是要看美国的胸襟是否可以宽宏到如此地步。

　　言及战争期间英国、美国和其他协约国财政部之间的往来关系，对
此我有着较为直接的认识。我认为，对债权方的慷慨之举，欧洲亦可大
方地提出要求，它是有自己正当的理由的，那就是欧洲可以借此在其他
方面做出有价值的贡献，不再于经济或其他方面继续争端不断，而是集
中力量进行整个欧洲大陆的经济重建工作。美国财务上的牺牲，与欧洲
其他国家相比，就其所拥有的财富而言，要轻微得多。这样要求也在情
理之中。而这次冲突仅限于欧洲范围内，令美国像欧洲国家一样，没有
充分的理由倾举国之力，在国民面前美国政府这样做也无法交代。自从
美国卷入战局之后，在财务的协助方面它表现得慷慨大度、毫不吝啬，
没有美国如此帮助，协约国恐难赢得这场战争，[1]更何况，美国军队的到

---

　　1　从 1916 年夏末到 1917 年 4 月美国参战的这六个月，其财政史的写作有待后来
者。除了每日生活在巨大的焦虑中，与无法满足的财政上的请求打交道的六名英国财政
部官员之外，几乎没有什么人能够真正认识到我们需要多么大的坚韧和勇气才能承受
这样的工作。如果没有美国财政部的援助，我们根本毫无希望能够完成任务。相比较之
前的几个月，1917 年 4 月以后财政问题的局面已经大为不同。

来还对整个战局产生了决定性的影响。欧洲也不该忘记在 1919 年最初的 173
六个月当中美国通过胡佛代表团和美国救济委员会所给予我们的巨大援
助。没有比这件工作更加高贵而充满无私善意的了，他们之所为，是那
样的坚韧、真诚和熟练，从未要求任何的感谢。对于胡佛先生的政治家
才能和眼光，以及他所率领的美国工人团队，并不领情的欧洲各国政府
所获得的帮助，远远要高于他们表示感激的，或者将来愿意承认的。在
那几个月里，美国救济委员会真正认清了欧洲的形势，并以人类所拥有
的挚诚之心去感受它。正是他们的努力、他们的能量以及由胡佛交由欧
洲自由处置的美国资源，才冲破了欧洲的重重障碍，不但拯救无数欧洲
人民于水火，而且也避免了欧洲体制的普遍崩溃。[1]

但是，谈到美国做出的这种财政上的帮助，我们常有一种隐然的假
定，相信美国方面也有此想，认为当初给予这些金钱上的帮助时，并不
是把它当成一项投资来看待的。如果真要欧洲返还这笔价值 20 亿英镑的
财政援助，且以 5% 的复利来计算的话，那么，事态将会完全变成另外一
种局面。若然在这样的观点下处理美国的贷款问题，那么美国相对付出
的财务上的牺牲，事实上也就微不足道了。

关于相对牺牲的辩论，不但会全无结果，而且也是愚不可及的。这
是因为，世间本来就没有相对牺牲必然会相等的道理——在这两种不同
的事态之下，很多其他方面的相关考虑就会大为不同。因此，下面所给 174
出来的这几件事实情况并不意味着为美国提供了什么有力的证据，而仅

---

1　胡佛先生是经历过巴黎和会的诸人当中唯一一个声誉得到提升的人。此人复杂
的个性，带着那惯有的像倦怠的泰坦巨人般的气质（或者如其他人所言，像一个筋疲力
尽的职业拳击家）和洞察欧洲真正的基本形势的如炬目光，在巴黎的各个委员会可谓风
靡一时。当他参与到这些委员会内时，一定会带来真实、博识、宽宏和无私的风格，如
果这些品质我在其他地方也能见到，那可能早已给我们带来美好的和平局面了。

是表明从一个英国人自我的私利这一角度言之，他所做出的当前的建议并不是在寻求避免自己国家应当承担的那部分牺牲。(1) 英国财政部从美国财政部借入的数额，与美国参战后英国**在同一时期内**借给其他协约国的数额可大体相抵（即不含美国参战前英国借出去的数额）。因此，英国欠美国的几乎所有债务并非是因其自身的缘故而造成的，而是因为帮助了其他的协约国使然，因为各种原因，这些国家所处的形势使它们无法直接从美国那里获取援助。[1] (2) 英国售出了大约 10 亿英镑的国外有价证券，此外还借了大约 12 亿英镑的外债。而美国非但没有售出过这类有价证券，实际上也没有借入过任何外债。(3) 英国的人口是美国人口的一半，收入约为美国的三分之一，所累积的财富则占美国的三分之一到二分之一。因此，英国的财政能力大概是美国的五分之二。这个数字可以让我们做如下比较：除了各自借给协约国的贷款之外（这都要建立在这些贷款都须偿还的假设之上），英国的战争支出是美国的三倍，若以财政能力而计的相对战争支出则是美国的七倍到八倍。

以尽可能简短的方式对此问题进行澄清之后，我现在转过来讨论下面这个更加广泛的议题，那就是战争结束之后交战各国未来的关系，我们当前的提议主要当由它们之间的这一关系来决定。

如果不能按照现在所提议的方案达成协议，那么，战争结束之后，
175　协约国内部将会陷入一种沉重的债务关系网。这项债务的总额甚至可能会超过从敌人那里所获取的数额。而战争结束之后不可收拾的局面将会是，协约国为彼此之间的债务清偿疲于奔命，以至于向敌人收取赔款反倒无暇顾及。

---

1　即便在美国参战之后，俄国在美国的大部分支出，以及俄国政府在其他国家的全部支出，也都是由英国财政部支付的。

　　因此之故，协约国内部债务问题与欧洲各协约国在赔款问题上热烈的大众情绪，是紧紧结合在一起的。此种情绪的基础，并不是建立在对德国实际上能够支付多少赔款的合理计算之上，而是建立在如果德国不能这样支付赔款，对自身所处的不堪忍受的财务困境深切的认知之上。我们来看意大利这个极端的例子。假如可以合乎情理地期待意大利偿还为数达 8 亿英镑之多的债务，那么德国就一定可以而且也应当支付比这个数字还要大得多的赔款数额。或者这样讲，假如认定（事实也的确如此）奥地利所能清偿的债务几乎为零，那么，由此而得到的结论必然是，意大利将背负着压得喘不过气来的沉重包袱，而奥地利却安然无事。或者还可以换个角度这么看，当意大利看到（前）捷克斯洛伐克清偿债务极少或毫无负担之时，想让它支付这巨额的债务而毫无怨言，又如何办得到呢？ 在局势的另外一端，还有英国。在这里，我们的财务状况自不可与意大利同日而语，因此要我们支付 8 亿英镑，与要意大利支付 8 亿英镑，在性质上必然大为不同。然而在情感上的反应却没什么分别。如果我们不能从德国那里获取充分的补偿，却又要我们对此种结局安然承受，而对于美国的债务则要全部偿还，一旦如此，试思国人该当如何痛心疾首！可以这样说，我们不得不接受对德国、法国、意大利和俄国的那些破产财产的债权，而美国却对我们拥有优先的抵押债权。就法国而言，它的情况只会比我们有过之而无不及。它从德国所能得到的赔偿，只是其国内所受损害的全部代价的弥补而已。然而，作为一个战胜国，法国必须对它的友邦以及其他协约国偿还的债款，四倍于 1870 年败于德国时所付出的赔款，甚至还要更多一些。如此而言，俾斯麦的铁腕较之于协约国甚至其中任何一个盟国，下手都还要轻一些。因此，认识到从敌人那里获得赔款背后的真相，要想使欧洲各协约国人民面对这样无情的现实不致火冒三丈、愤激失常，则解决协约国的内部债务，是 176

一个必不可少的预备手段。

若说欧洲协约国无力对所欠债务还本付息，或许言之过甚，但是无可否认，这对它们来说无疑是一个极其沉重的负担。因此，可以推想，它们一定会千方百计试图规避赔偿责任，这样的企图，必然经常会成为未来若干年内各国之间发生摩擦和交恶的源头。欠债的国家是不会对收债的国家心存好感的，如果法兰西、意大利和俄国未来的发展因其必须向英国和美国年年偿债而受到遏抑，那么，要想让它们与我们和衷共济，必然很难如愿。这会刺激它们改弦更张，去寻找其他的盟友，一旦它们与英美的和平关系出现裂痕，则对它们而言，至少会附带产生一个极大的好处，那就是终可从沉重的外债中抽身它去。从另一个方面来看，如果这些债务能够一笔勾销，那么这对于各国之间的团结可称是一个福音，而彼此之间真正的友谊也终可由此奠立。

巨额战争债务的存在，无论对哪里的财政稳定来说，都是一种威胁。在欧洲，没有哪个国家不把战争债务和对战争债务的拒付视为一项迫在眉睫的重大政治议题的。不过，就内债的情况而论，两个方面都有关乎其利害的党派，争论的焦点不过是财富在国内的分配这个问题罢了。外债的情况则与之不同，债权国很快就会发现，它们的利益与债务国特定的政府和经济组织方式的维持，是息息相关的。国家之间错综复杂的联盟关系，与夹缠不清的债权债务关系相比，显得微不足道。

然而，影响到读者对于这一提议之态度的最后一层考虑，取决于读者对国内国外战时财政留给我们的巨额债务在未来世界进步中地位的看177 法。这场战争的结果是，每一个国家都欠了其他国家一大笔钱。德国欠了协约国一大笔钱；协约国欠了英国一大笔钱；而英国又欠了美国一大笔钱。每一个国家都欠了战争贷款的持有者一大笔钱，而反过来，纳税人又欠了国家一大笔钱。整个局面显得极度不自然，充满着迷惘和烦恼。

除非我们能够摆脱这种债务上的牢笼，否则我们真的是寸步难行。除非我们将这种债权债务关系一举清除，而且在这个过程中还要做到有条不紊、温润和平，不致对任何人产生什么严重的不公，否则的话，星星之火，可以燎原，到了那个时候，只能是玉石俱焚。关于内债，我认同这样的看法：对债务的清除来一次资本征税，这当是每个与战国财政健全绝对的先决条件。但是，各国政府之间大规模债务的继续存在，则是另外一个问题，它本身具有特别的危害性。

在十九世纪中期之前，除非是实际侵占下的武力勒索或者封建制度许可下君主们的命令，否则没有哪个国家会对外国欠下规模如此之大的债务。诚然，在过去五十年间，出于欧洲资本主义在新世界寻找出路的需要，甚至直到现在也还在一种相对适中的规模上，使某些国家如阿根廷向某些国家如英国，逐年归偿所欠债务。但是，这一体系是很脆弱的，它之所以还得以延续，乃是因为对于支出国来说，其负担还远不似这般沉重而不公，它是有实际资产做后盾，且与一般的财产制度结合在一起的，借入者仍希望继续借款，已经借出去的在数字上与希望继续借入的数目相比，也不是过分庞大。银行家对于这样的制度已经习以为常，并把它作为社会常规秩序的一个必要部分来对待。因此，虽然由于这次战争而造成的各国政府之间的债务关系在规模上要大得多，在性质上肯定也更为严重和不公，既没有实际财产作为后盾，又与一般财产制度的结合程度比较而言较欠紧密，但是银行家们仍以他们习惯的上述制度，以一种类推的方式，倾向于认为这种国际债务关系也是很自然，很 178 合理，且与人类本性协调一致的。

我对这种世俗之见颇为怀疑。即使在国内，资本主义制度可以博得当地较多的同情，在生产的日常过程中发挥着实际的作用，并且当前的社会组织也主要依赖于这一制度的稳固，但是，它仍然并不十分安全。

即便抛开这一层置之不论，要使欧洲各国人民对下一代这样安排他们的生活，让他们将日常生产中很大一部分拿来进行对外支付，而做出这种支付的原因，无论在欧洲和美国之间，或者是德国和欧洲其他部分之间，皆非出于什么正义的观念或者责任感的驱使，欧洲人民就真的能够毫无怨言，通盘接受吗？

一方面，长期来看，欧洲必须依靠它自己不懈的、辛勤的工作，而不能把一切都寄托在美国的慷慨解囊之上；另一方面，要它把自己每日劳作的果实拱手让人，而自己深受匮乏之苦，又如何心甘？ 总而言之，若然这些债务期在必偿，则这种情势即便能够维持，也不过数年之久，绝不可能会长期延续下去。这样的偿付，既不合乎人情，也与时代的精神相悖。

如果说这种思考模式尚有些说服力的话，这也是因为宽阔胸襟与权宜之策能够彼此相谐，而这种极佳地促进了国家之间友谊的政策，又与施恩者的长远利益不相冲突。[1]

## III. 国际贷款

我再来谈第二个建议。欧洲的需求**迫在眉睫，刻不容缓**。若然在接下来两代人的时间里可以从美国和英国的沉重债务负担中得以解脱（再加上在重建费用方面可以逐年得到德国的一些助益），那么对于未来，或无过度担心之虞。但是，眼下欧洲进口大过出口，汇兑不畅，通货紊乱，

179

---

1 据报道，美国财政部已经同意在接下来的三年时间里将所欠他们的贷款利息拿出来资助（即会增加本金的那部分利息）协约国政府。我认为，英国财政部效仿此举也颇可选。如果债务最终要偿还，那么债务以复利形式累积起来会使形势变得更加恶化。但是，美国财政部的这一明智之举提供了一个恰如其分的喘息之机，使我们可以根据不久就会明朗起来的战后局势来平静地思考这整个的问题。

可谓百弊丛生，这些都是亟须解除的病象，而上述所言的那些好处，却是远水难解近渴。要想在没有外力的帮助之下，欧洲重整山河，其势难如登天。因此，我衷心拥护在法、德、英及美国等很多地区所倡议的某种形式或方式下进行国际贷款。在这样的计划之下，无论怎样分配偿还贷款的最后责任，美国都势必要担负起贷款主要来源这一重担。

对于这类计划的繁多的内容，我认为主要的反对意见有以下这些。美国对欧洲的事务（有了最近的经验以后）已不愿进一步牵涉其中，更何况就其自身而言，暂时也没有更多余裕的资本可供大规模输出。至于欧洲能否将金融援助用于正当途径，会不会挥霍浪费以致两三年之后情况一如今日之坏，则我们并无十足的把握——克劳茨先生有了这笔钱就会想着把收税的期限加以推迟，意大利和（前）南斯拉夫有了这项收入就会拔枪相向，波兰会用它来实施法国想用来对付波兰的那种军事行动回敬自己的邻邦，罗马尼亚的统治阶层则会坐地分钱。总之，美国会因此而推迟了其资本的发展，提高了本国的生活成本，而为的竟然是欧洲在行动、政策以及人力方面像过去几个月的老样子一样，仍旧一以贯之一到两年。而至于德国，协约国将它最后一点残余的运行资本悉数剥夺之后，在巴黎又与美国财政代表的呼吁和立场截然相反，反而要美国出钱让这个受到惩罚的国家充分地恢复重建，让欧洲的各个协约国可以在一两年后卷土重来，再行掠夺之事，这合乎天理人情吗？ 是可忍孰不可忍！

180

处于今日之时局，对于这些反对的论调，确实无可辩驳。假如我在美国财政部说话有分量的话，我一个子儿都不会借给现在欧洲的任何一个政府。即便美国总统对于美国人民的力量或意志无法维护，共和、民主两党也会联合起来，不会把钱借给那些用来推行自己深恶痛绝政策的欧洲各国政府们。如果能如我们所衷心祈祷期盼的那样，欧洲人民的内心在这个冬天从酿成滔天战祸的荒谬绝伦的偏见中一举转变，将心中的仇恨和民族主义情绪一扫而空，代之以对欧洲大家庭幸福和统一的思虑与憧憬的话，那么，美国人民被人类固有的同情和恻隐之心所激发，应该将由私利出发的一切芥蒂抛开，完成本来打算的把欧洲从有组织的武装力量的暴虐政策下拯救出来，使之能够自力更生的伟大任务。即便欧洲在这样的转变上并不全面彻底，即便欧洲各国只有一部分党派奉行这种和解的政策，美国仍然可以对这些和平党派施以援手，指明前进的方向，告诉它们在什么样的计划和条件之下可以取得用于生活复兴工作的援助。

据说，美国人现在很想躲开欧洲问题，而且希望躲得越远越好，在他看来，欧洲混乱不堪、局面复杂，执政者横暴而挥霍，最主要的是，整个欧洲问题盘根错节，难以究诘，因此有这样抽身离开的心情也很容易理解。再也没有谁比作者对欧洲执政者的行事愚蠢且不切实际感受更为深切的了，他们的这种表现，受到指责势所必然。且让它去自生自灭吧，让它走它的独木桥，我们只管走我们的阳关道——

远离欧洲，远离这个无望之地吧；
欧洲是一个屠场，空气中弥漫着腐死人的味道。

但是，如果美国能够稍加回忆，欧洲于它，曾意味着什么，目前还在发挥着什么样的作用，不管对欧洲有什么样的不满，它总是艺术和科学的发祥之地，不仅现在如此，将来也是如此，对全人类的进步和文明而言，它也许发挥着决定性的作用，虑及此点，难道美国不应该抛开那种漠然置之和孤立主义的态度，致力于欧洲问题的解决吗？

仅仅为了使我们的希望不致破灭，我们假设，美国愿意为培育重振欧洲的正面力量而做出自己的贡献，在摧毁了我们的敌人之后，不至让我们跌入灾难的深渊——那么，它的帮助又该采取何种形式呢？

我不打算穷究那些细枝末节的问题。要知道，有关国际贷款的一切计划，其总体的纲领总是大同小异的。能够施与援手的国家——像英国这样的中立国，以及可以做出更大贡献的美国——不管是对欧洲大陆所有的交战国、协约国，还是对先前的敌人，都必须一视同仁地提供具有对外购买力的贷款。所需的贷款总额，或许并不必像有时候所估计的那样大。初步估计，首次贷款大概 2 亿英镑的资金，也许就已经可以发挥很大的作用了。即便协约国内部的战争债务果能一笔勾销，以后也不能以之为通例，这次所提议的国际贷款在性质上显然与之不同，借入借出必有明据，这笔钱款必须全部归还，不可拖欠分文。在这样的宗旨之下，为贷款所做的担保应该要求非常可靠，对于偿还办法的安排，也求其巨细无不详备。尤其是关于这笔贷款的还本付息，皆应获得绝对优先的处理，无论是赔款要求、一切协约国之间的战争债务、国内的战争债务，以及其他任何方式下的国家债务，均不得动摇这一绝对优先权。凡享有获取赔款权的借入国，应保证将这一收入全部移来用于偿还新的贷款。借入国的一切关税收入，均应以黄金为本位，保证将这项收入作为偿还新贷款之用。

关于贷款的使用，应当在总的原则下而不必在细节上接受借出国的监督。

在这笔用于购买食品和原料的贷款之外，如果还有必要的话，可以按同样的数额，即 2 亿英镑，设立一项保证准备金（其中可能只需要一部分以现金形态存在），但凡国联的成员均需量力而行，尽心参与，把它作为币制改革的一般基础，这或许是一个较切实际的办法。

在这样的安排下，欧洲或可具备重燃希望之火、更新其经济组织，使它固有的巨大财富得以发挥作用而惠及工人阶级所需的最起码的流动

182

资源。当前并不必要对这样的计划进一步详究细节。在本章的建议能够进入实际的政治考量之列以前，公共舆论方面必要有一个较大的变化方可，我们必须尽可能地耐心等候，静观其变。

## Ⅳ. 中欧各国与俄国之关系

在本书里，我很少谈到俄国。俄国的局势一目了然，其特征之明显是毋须强调的，而我们所了解的细节又几乎全然不值得相信。但是，在讨论欧洲的经济形势如何才能恢复时，俄国问题中的一两个面向却是极为重要的。

有些人士从军事的观点来看，对于俄国和德国军队的最终联合非常担心。但在这两个国家，保守力量的运动更有可能成功，而列宁与当前德国中产阶级政府要想结成有效的联盟则绝非易事。另外一方面，那些害怕俄国和德国结成联盟的人士更加担心的是布尔什维克主义的胜利。他们也不得不承认，反对布尔什维克主义的唯一有效力量，在俄国境内是保守势力，在俄国境外则是德国那些代表着原有秩序和权威的阶层。因此，那些主张对俄国进行直接或间接干预的人，他们的所为与他们本来的目的始终是相抵牾的。他们并不了解自己想要什么；或者这样说，他们想要的东西与对他们的做法南辕北辙，这一点他们看不出来。这就是为什么他们的政策如此地前后不一、徒劳无益的原因之一。

在巴黎的协约国委员会对待德国现政府的态度上，我们分明可以看到同样的意见纷纭，彼此冲突。斯巴达克斯主义在德国取得的胜利成为了各国革命的前奏：它将会恢复俄国布尔什维克主义的力量，促进德国和俄国之间令人感到恐惧的联盟；它也肯定会把那些建立在和约关于财政和经济条款之上的任何希冀皆归于沉寂。因此，巴黎是不会喜欢斯巴

183

达克斯同盟的。[1]但是，另一方面，每个人都认为保守势力在德国的胜利是对欧洲安全的威胁，会危及胜利的果实和和约的基础。除此之外，在德国东部，一股新的军事力量建立了起来，其精神家园就在勃兰登堡，这股军事力量在整个东欧、中欧和东南欧吸引着所有那些军事方面的人才和冒险家，以及所有那些心系德国皇帝而憎恶民主之人。由于地理上的原因，协约国的军队很难接近这股军事力量，至少在那些胆小怕事的人看来，这股军事力量很可能会如凤凰涅槃一般，从全球军国主义的灰烬中重生，建立起一个新的拿破仑一世那样的统治政权。因此，对于勃兰登堡，巴黎自然心怀憎恶，不会喜欢它。有论调指出，我们应该扶持温和派的势力，这一点稍微出于世人预料，但勃兰登堡这派势力仍然可以凭其德国人的身份而自我维持下去。不过，现在德国的政府可能更加倾向于维持德国的统一而非其他的目的；首先一点，在有些德国人看来，德国政府在和约上签字乃是为了保住 1870 年以来的德国统一而须付出的代价，这一代价是值得的。法国沿莱茵河分裂德国的企图至今未曾熄灭，因此，法国也就不会放弃任何一个侮辱德国的机会，不会放过任何一个破坏德国政府的声望、削弱其影响的机会，尽管如此，对于德国政府的持续稳定，欧洲所有的保守势力未尝有所异议。

波兰在扮演法国为它赋予的角色时，其未来也同样面临着这样的两难困境。波兰要强大，信奉天主教，成为一个军国主义者，对如今凯旋 184的法国要忠诚，成为它的生活伴侣或者至少是成为它的心腹，在断壁残垣般的俄国和几成废墟般的德意志之间繁荣昌盛。至于罗马尼亚，只要它愿意接受劝说，稍微撑起点门面，大体上就和波兰没什么两样了。然

---

1　斯巴达克斯同盟是德国共产党中的激进团体。1918 年德国与协约国签订停战协议后，革命迅速波及德国全境。1919 年 1 月，社会民主党政府镇压了斯巴达克斯同盟，杀害德国共产党领袖罗莎·卢森堡和卡尔·李卜克内西。——译者注

而，除非波兰的那些伟大邻居们能够做到繁荣有序，否则的话，在既没什么产业又只知道迫害犹太人的波兰，要想有什么经济上的发展是不可能的。而一旦波兰发现法国给出的那些诱人的政策纯属大言不惭，既无分文的好处，又享受不到什么荣光，那么波兰会很快投入其他国家的怀抱。

因此，"外交"上的算计不会带给我们任何结果。那些以最天真的形式寻求刺激的英国人和法国人认为，外交政策和廉价的情景剧乃是**一路货色**，至少他们在行为上是这么表现的，而在俄国、波兰及其周边的一些国家上演的那些疯狂的梦想与儿戏一般的阴谋，正是这些英国人和法国人当前沉溺其中、难以自拔的把戏。

因此，让我们转过来讨论一些更加可靠的事情吧。德国政府已经宣布（1919 年 10 月 30 日），它将继续奉行不干涉俄国内政的方针，"不仅在原则上，而且从现实的角度来看，执行这一方针也是正确无误的"。假设我们最终不是出于原则的考虑，而是至少从一种更加实际的立场出发，也采取了同样的立场，那么，在中欧和东欧的未来关系中，其根本的经济因素又是什么呢？

在大战之前，西欧和中欧的谷物进口中有很大一部分是来自俄国的。如果没有俄国，这些谷物进口国就会出现粮食短缺。自从 1914 年起，由于俄国不再对这些国家出口粮食而造成的损失已经大为好转，这部分是因为动用了粮食储备，部分是拜胡佛先生的保护粮价所带来的北美粮食大丰收之赐，但主要还是因为消费上更加节俭和经济上的贫困使然。1920 年之后，对俄国粮食供给的需要甚至比战争发生以前还要大，这是因为北美的粮食保护价格已经难以为继，与 1914 年相比，北美正常的人口增长使得它对国内的粮食需求大大膨胀，而欧洲的土地也尚且没有恢复到战前的生产水平上来。如果还是不能重新启动与俄国的贸易，那么，1920 年到 1921 年间的小麦必将非常稀缺，价格会变得极为高昂（除非这两年所有季节都取得大丰收）。所以说，最近协约国宣布的对俄国进行封锁的行动是非常愚蠢和短视的；我们与其说是在封锁俄国，倒不如说是在封锁我们自己。

无论如何，恢复俄国的出口贸易都必将是一个缓慢的过程。俄国农民当下的生产力水平尚且无法确保生产出像战前那么大规模的出口剩余。造成这一结果的原因显然有很多，其中包括农机工具和配件的不足，以及由于市场上缺乏农民用自己的农产品可以从城市换取的商品所造成的农民生产积极性的欠缺。最后，也由于交通运输体系遭到破坏，各地农业剩余产品集中到大的集散中心受到阻碍，甚至这种破坏使集中变得完全不可能。

若不通过德国的企业和组织这类代理机构，在任何合理的时间范围内，要想弥补这种生产力损失，我都看不到有什么可行的办法。出于地理上以及其他许多的原因，英国人、法国人或美国人是无法担负起这一重任的；我们既没有动力，也没有什么办法把这一工作做到足够好的程度。而另一方面，德国则不但有经验、有动力，而且也有能力在较大程度上为俄国农民提供过去五年非常匮乏的商品，以使俄国人可以重新组织其交通运输业，完成粮食收集的任务，为了共同的利益，把我们现在极度匮乏的物资运送到世界市场上来。德国的代理商和组织者出于一般的经济动机之刺激，使每一个俄国农村准备就绪的那一天尽快到来，而这是符合我们的利益的。这个过程与俄国的政府权威全然不相干，但是，我们可以非常肯定地来做这样的预测，无论苏维埃政府所代表的那种共产主义形式是否会永远地适合于俄国人民的秉性，贸易、舒适生活和一般经济动机的恢复均不可能改变那诞生于战争与绝望之下关于暴力和专制的极端教义。

186

如此一来，则我们的对俄政策不但要对德国政府所宣称的不干涉政策加以赞扬并踵乎其后，而且还要停止对俄国的封锁，这些封锁既会伤害我们的长远利益，又不合法，我们要鼓励和帮助德国，让她重新获取在欧洲为它的东部和南部邻居创造和组织财富的功能。

对于这样的建议，很多人抱持着强烈的偏见。我想请他们认真思考一下这些偏见所将产生的后果。如果我们因为对德国或俄国的政府或人民怀着民族的、种族的或者政治上的仇恨，而反对任何可以使德国或俄国恢复其物质福利的方法，那么，我们就必须准备好去面对这种仇恨所带来的后果。即便欧洲这两个联系最近的种族没有在道德上携起手来，它们也一定会出现容不得我们忽视的经济上的团结。现如今世界市场是一体的。如果我们不允许德国与俄国交换产品来养活自己，那么德国肯定会跟我们去争夺新世界的产品。我们越是成功地切断了德国和俄国的经济联系，就越是会降低我们自己的经济水准，并加重我们国内的问题。对于这个问题，这还是在最轻的程度上言之。还有其他一些论据反对把经济上的崩溃向更多国家蔓延开去，将它们置于危境，这些论据如此明显，即便是愚夫愚妇也能看得出来。

我尚看不大到哪里会出现突然的或剧烈的演变之迹象。暴动或革命
187 可能会有，但在目前的情况下，当不会产生什么根本性的、带有重大意义的变化。对于政治上的横暴或不公而言，革命是一个武器。但是，当经济上的困乏并非分配方面的不公所致而是一种普遍现象时，革命又会带给那些备受折磨的人们以什么样的希望呢？唯一能够防范中欧发生革命的，实际上在于这样一点：要使那些陷入绝望之境的人明白，革命并不会带来任何使境况得到改善的可能性。因此，可以预料，在未来较长一段时期之内，我们所面对的只能是生活水准和享受水准的稳步下降和半饥饿的状态，而在这样的过程中，我们只能默默忍受。如果我们听之

任之，那么，在很长一段时期之内，欧洲的破产和衰败将会影响到我们每一个人，但可能不是以一种明显或直接的方式做到这一点的。

这里还有幸运的一面。我们仍有时间重新思虑我们的行动方针，换一种眼光来看待这个世界。对于转瞬即至的将来，事态如何变化，决定于事态自身，眼下欧洲的命运，已不再掌控于任何人之手。来年的事态如何发展，执政者的精心盘算，已然不再能够发挥决定性的作用，起决定性作用的是处于政治历史的表层之下潜滋暗长的汹涌暗潮，其结果如何，无人可以预料。唯一能够影响这潜在潮流的方法，就是将那些有教育作用和扩大理想之效的力量激发起来，以此来改变舆论。而坚持真理，打破幻想，消除仇恨情绪，教化人心，扩大人们的心智和襟怀，则是必然要用上的手段。

写作此书之际，正值 1919 年的秋天，万物萧飒，而我们也正处在命运的沉寂时节。对于过去五年间所付出和经受的一切努力、恐惧和痛苦，我们的反应已经达于极点。除了自身的物质福利这类直接的问题之外，我们感情的力量或关爱的能力被暂时地遮蔽了。超出我们自身直接经验的最为重大的事件以及最为可怖的预期，都无法让人为之动容。

> 人类心灵的窟窿里永远填满了
>
> 恐怖：最高傲的人都害怕，害怕他们
>
> 所不屑想象的种种事情完全是真实；
>
> 伪善和习俗使他们的头脑变成了
>
> 许多人顶礼膜拜的墙坍壁倒的庙宇。
>
> 他们不敢为人类设计美好的境遇，
>
> 可是他们自己并不知道他们不敢。
>
> 善心的人没有权势，但见泪水空流。

188

> 有权势的人缺乏善心，那更值得遗憾。
>
> 聪明的需要仁爱，仁爱的又需要聪明；
>
> 一切最好的事情就这般地糟做一团。
>
> 有些人有力量，有金钱，也能懂得情理，
>
> 可是他们生活在苦难的同胞中间，似乎毫无感觉；
>
> 自己做什么，自己不知道。[1]

我们被如此之深地撼动过，超出了所能承受的限度，我们需要的是安下心来进行休息。在今天活在这个世间的人们的一生当中，人类灵魂中通用元素之火再也没有哪一个阶段燃烧得像现在这般微弱的了。

由于这些原因，新生代尚未发出真正的呼声，而无声的意见也还没有形成。为求达成对将来的普遍一致的观点，我特将此书奉上，以飨读者。

189

---

1　这一段诗歌凯恩斯摘自雪莱的著名长诗《解放了的普罗米修斯》，此处中译参考了邵洵美先生的译诗，参见 1957 年版人民文学出版社出版的《解放了的普罗米修斯》第 30—31 页。珀西·比希·雪莱（1792—1822 年），英国著名浪漫主义诗人，被认为是历史上最出色的英语诗人之一。邵洵美（1906—1968 年），祖籍浙江余姚，出生于上海，出身官宦世家，曾入英国剑桥大学攻读英国文学。新月派诗人、散文家、出版家、翻译家。晚年从事外国文学翻译工作，译有马克·吐温、雪莱、泰戈尔等人的作品。——译者注

# 索引

# 译者跋

约翰·梅纳德·凯恩斯是二十世纪当之无愧的伟大经济学家和重要思想家，其经济思想对今天世界各国的经济政策制定仍然有着相当的影响。

凯恩斯生前一共出版过九部著作，分别是：《印度的通货与金融》，《〈凡尔赛和约〉的经济后果》，《论概率》，《条约的修正》，《货币改革略论》，《货币论》（全二卷），《劝说集》，《传记文集》，《就业、利息和货币通论》。此外，他还出版过六本小册子作品。译者在研习经济思想史时，发现凯恩斯著作的汉译本虽然很多，但多是对其中几本名著如《就业、利息和货币通论》和《货币论》的重译，而诸如《货币改革略论》和《论概率》这类反映其思想渊源与流变的重要著作，却付诸阙如。经过几年的阅读和准备，译者这才起心动念，打算在前人译本的基础上，提供一套较为完备的凯恩斯生前审定出版之著作的中文译本。

凯恩斯先生是一代英文大家，译者虽然不辞辛劳，心里存着追慕远哲、裨益来者的决心，但是才疏学浅，译文中的错讹之处必多。祈望海内外学人，对于译文能够多予教诲，译者先在这里表达一下感激之情。

李井奎

写于浙江工商大学·钱塘之滨

图书在版编目(CIP)数据

《凡尔赛和约》的经济后果/(英)约翰·梅纳德·凯恩斯著;李井奎译.
上海:复旦大学出版社,2025.8.
(约翰·梅纳德·凯恩斯文集).
ISBN 978-7-309-17825-8

Ⅰ.F091.348

中国国家版本馆 CIP 数据核字第 2025ZJ3268 号

《凡尔赛和约》的经济后果

[英]约翰·梅纳德·凯恩斯　著

李井奎　译
责任编辑/谷　雨
装帧设计/胡　枫

复旦大学出版社有限公司出版发行
上海市国权路 579 号　邮编:200433
网址:fupnet@ fudanpress.com　http://www. fudanpress.com
门市零售:86-21-65102580　团体订购:86-21-65104505
出版部电话:86-21-65642845
上海盛通时代印刷有限公司

开本 787 毫米×960 毫米　1/16　印张 14.5　字数 180 千字
2025 年 8 月第 1 版
2025 年 8 月第 1 版第 1 次印刷

ISBN 978-7-309-17825-8/F·3092
定价:98.00 元